貞慶撰『唯識論尋思鈔』の研究
「別要」教理篇・上

解説・索引

楠　淳證　編

法藏館

序辞

解脱房貞慶（一一五五―一二一三）は、平安末期から鎌倉初期の時代に活躍した法相宗の学侶です。建久四年（一一九三）になって笠置寺に遁世し、仏道実践のために『唯識論尋思鈔』『安養報化』『心要鈔』『法相宗大意名目』『観世音菩薩感應抄』『興福寺奏達状』『興福寺奏状』『観心為清浄円明事』等の書籍、ならびに『発心講式』『舎利講式』『弥勒講式』『欣求霊山講式』『別願講式』『地蔵講式』『法華講式』『観音講式』等の講式類を多数、著したことでも知られています。そのため、仏教学のみならず国文学・歴史学・美術学等の研究者による多角的視座からの意欲的研究が進められ、その人物像が今ではかなり鮮明になってまいりました。

ちなみに、編者（楠）の長期的研究テーマは「日本における唯識思想の総合的研究」にあり、残された「法相論義」に関する古典籍をもとに、少しずつ日本の唯識思想の解明を進めてまいりました。研究を始めた当初より筆者が注目していたのが、貞慶撰述の『唯識論尋思鈔』（以下『尋思鈔』）でした。この書物は鎌倉初期から室町期にかけての法相学侶によって等しく尊重された書物であり、彼らが自著（短釈）の中で唯一「上人」と尊称したのが、他ならぬ貞慶その人でした。もともと、貞慶にも深い関心をもっておりましたので、法相論義の研究を前面に立てると同時に、貞慶研究をも合わせて進めることにいたしました。その結果、ここ十年の間に明確になってきたことが二つありました。一つは、論義研鑽（教義）を経て構築した諸理論（思想）をもとに展開した諸信仰が貞慶にとっては仏道成就のための実践そのものであったということ、今一つは『尋思鈔』の編述もまた仏道成就の一環であったということでした。

昭和年代より貞慶研究は盛んになされてまいりましたが、貞慶の思想研究を総合的に取り上げたものは皆無であったといってよいでしょう。にもかかわらず、貞慶の思想の一部が時々に随意に論じられるというアンバランスなあり方が行なわれてまいりました。これでは貞慶の真意が伝わらないという危機感より、筆者は論義研究をもととした貞慶の思想解明に取組み、信仰の実態を思想的観点より論じてまいりました。逆説的にいえば、貞慶の信仰の実態を明らかにするには、貞慶の構築した諸理論（思想）を解明する必要があり、貞慶の諸理論を明らかにするには、貞慶の教学の実態を解明する必要があったということです。では、貞慶には体系づけられた教学があるのか否かという点ですが、それが『尋思鈔』であったと編者は考えています。

周知のとおり、法相宗の根本論典は『成唯識論』であり、玄奘三蔵（六〇〇―六六四）によって訳出されました。本書は、世親（四〇〇―四八〇年頃）の『唯識三十論』を註釈した十大論師の学説を「護法正義」のもと合糅訳したもので、玄奘の弟子であった慈恩大師基（六三二―六八二）の『成唯識論述記』には、「成唯識論の成は能成の義で十師の釈論のこと、唯識は所成の本頌のこと。此れ（釈論）に藉って彼（本頌）を成ずるので成唯識と名づける」（大正四三・二二九・中／筆者意訳）と記されています。ここに法相教学の原点がありました。この『成唯識論』についての重要テーマを「問答」という論義の形式に準じて個々に論じたものが「短釈」であり、総合して論じたものが「論義抄」でした。『尋思鈔』は、この内の「論義抄」にあたります。したがって、建久八年（一一九七）に構想して建仁元年（一二〇一）に完成した『尋思鈔』は、貞慶にとってはまさしく、教義に関する自己の見解を総合的に体系づけた教学書そのものであったと考えられるのです。

編者が法相論義の研究を本格的に始めたのは、昭和五十五年（一九八〇）のことでしたが、年来の『尋思鈔』研究をまとめるべく令和四年（二〇二二）二月に上梓したのが、『貞慶撰『唯識論尋思鈔』の研究―「別要」教理篇・上―』（法藏館）でした。このとき「論第一巻」に関する『尋思鈔』収録の二十九論題（科文）について、「原典（写真）・翻刻・注（校勘）・訓読・註記・解説」の順に詳細な読解研究の成果を示すことで、長らく埋もれていた『尋思鈔』の一端（全体の三分の一）を世に示すことができました。しかし、何分にも大部の書（前半の研究部分も含めて計一四六九頁）となったため、このたびは後進の研究者の便宜を考え、より簡略な「解説」を提示することとし、合わせて「右記の書の索引」「科文一覧」等をも付記することにいたしました。これによって少しでも『尋思鈔』への理解を深めていただければ幸いです。

令和六年（二〇二四）一月十二日

龍谷大学研究室にて

編者　楠　淳證

貞慶撰『唯識論尋思鈔』の研究

「別要」教理篇・上　解説・索引

*目　次

貞慶撰『唯識論尋思鈔』の研究

「別要」教理篇・上　解説・索引

第一章　種姓段（上巻・三〇三～九〇六頁）

第一節　大悲闡提（だいひ・せんだい）

【当該丁数】『論第一巻尋思鈔・別』（十六冊の内の第一冊）墨付二丁表～三十一丁裏。

【同名短釈】興福寺一・無為信寺四・龍谷大学一。

【同　学　鈔】大正六六・二七・下。仏全七六・四五・上。

【読解研究】楠淳證・後藤康夫編『貞慶撰『唯識論尋思鈔』の研究―「別要」教理篇・上―』（法藏館／二〇二一年）三〇四頁～四五六頁（担当　楠淳證）。

【解　説】

本論義テーマは、衆生には本来的に五種姓（声聞定姓・独覚定姓・菩薩定姓・不定姓・無姓有情）の別が存すると説く法相宗において、無姓有情の中の一類である大悲闡提（菩薩の一闡提）の成仏・不成仏を諍う論題である。

もともと、五姓各別説は『解深密経』や『瑜伽師地論』等の教説をもとに、法相宗の大祖（開祖）と位置づけられる慈恩大師基（六三二―六八二）が整備して論じたものであり、慈恩を含む中国の祖師たちの書物では一様に「五種姓別」と記されていたが、『尋思別要』になると明確に「五姓各別」の語が用いられるようになった。その五姓の中の無姓有情について、慈恩は「断善闡提・大悲闡提・無性闡提」の三類を立て、断善闡提は如来の大悲にあって成仏するが、大悲闡提と無性闡提は成仏することがないと論じた。これを法相宗の第二祖と位置づけられる淄洲大師慧沼（六四八―七一四）も第三祖と位置づけられる撲揚大師智周（六七七―七三三）も継承した。すなわち、人・天に生まれながら殺生等の罪を犯して三乗の道を歩むことのない極悪の衆生（人天乗）を無性闡提とし、同じく悪を造るものの如来の大悲にあって仏に成る道を歩む衆生を断善闡提であると分析したのである。残る問題は、大悲闡提（闡提菩薩）であった。大悲の実践は菩薩の要となる共通の願行であるが、これと「一切の衆生を救い尽くさなければ仏に成らない」との誓い（闡提尽衆生界願）を立てた闡提菩薩の願行と相違するか否かが問題とされたのである。なぜならば、この問題には法相行者の菩薩行に直結するものが内在しており、かつ天台宗等の一乗家から受ける権大乗の誇りを払拭する必要もあったからである。かくして、本論義テーマは法相宗において種々に論じられることとなった。

この点について、慈恩・淄洲・撲揚の中国三祖は等しく大悲闡提を不成仏の種姓であると判じた。その根拠は、大悲闡提の菩薩が「闡提尽衆生界願」を立てていたことにあった。すべての衆生を悉く救い尽くすとはいっても、衆生の尽きることはないので、闡提の誓願を立てた菩薩は仏になることがないと論じられたのである。このような中国での展開を受け、日本でもまず「大悲闡提不成仏説」が有力となった。この説は、慈恩撰『成唯識論掌中枢要』（大正四三・六一一・上）、ならびに淄洲撰『成唯識論了義灯』（大正四三・七二九・中）や同『能顕中辺慧日論』（大正四五・四〇九・中）、および撲揚撰『成唯識論掌中枢要記』（続蔵四九・五六・下）や同『成唯識論了義灯記』（続蔵四九・二〇七下～二〇八上）等の中国三祖の証文を拠り所として展開した。その要点はといえば、無姓有情の一類とされる大悲闡提は「尽衆生界願」を発起した独特の存在であり、大乗の菩薩の理想とすべき究極の姿であるとして、永久に成仏しない菩薩種姓であると論じたものであった。換言すればこれは、五姓各別を護持しながら大乗の至極が大悲闡提にあるとして、大悲闡提の一類を立てる法相宗の優位性を示そうとしたものであったともいってよいであろう。

しかし、このような特殊な存在が大悲闡提であるという論理では一切皆成の優位性を論ずる一乗家からの畢竟不成仏の誇りを完全に撥ね除けることができず、かつまた「大悲の仏道」を歩もうとする法相行者の仏道論そのものをも破綻させる結果となりかねない恐れがあった。そこで、新たに考案されたのが「酬因感果の大道理」や「一身二門説」等による「大悲闡提成仏論」であった。大悲闡提成仏論の特色は、「酬因感果の大道理」によって尽衆生界願を実践する闡提菩薩も必ず成仏すると説くにとどまらず、さらに「一身二門」の論理をもって、すべての菩薩には闡提尽衆生界願があり、しかも畢竟成仏すると説く点にあったといってよい。すなわち、菩薩には智慧の実践によって仏道成就をめざす大智門と、慈悲の実践によって闡提尽衆生界願をまっとうする大悲門の二門が併存しており、大智門の実践においては畢竟成仏するが、大悲門の実践においては畢竟不成仏であると論じたのである。これは、「上求菩提・下化衆生」の菩薩行のあり方、換言すれば衆生無辺誓願度（闡提尽生界願）と仏道無上誓願証が共に誓われる四弘誓願の矛盾を「願力不思議」をもって解決した論理でもあった。この論理にしたがえば、闡提菩薩の不成仏を一乗家から非難されることもないし、しかも法相行者自身が大乗仏教の根幹的精神である大慈悲の実践（衆生無辺誓願度＝尽衆生界願）を行ないながら成仏する道も開かれてくることにもなるから、まことに巧妙な会通であったといってよいであろう。

そこで、これらの思想的展開を受けて貞慶（一一五五―一二一三）は、『尋思別要』において「大悲闡提不成仏伝」「大悲闡提成仏伝」をまず整理して詳細に示し、次いで自己の見解である「大悲闡提成不成仏事」を論じたのである。この三つの項目名を見ると、前の二項目名には「伝」の文字が付されているが、第三の項目名には「事」とのみあるから、最後の項目こそが貞慶の自義であったことが知られる。したがって、貞慶の自義は「不成仏伝」を否定した「成仏伝」を踏まえた上で、大悲闡提の成仏に軸足を置いた成不成説を展開する点にあったということになる。貞慶の整理するところによると、もともと「一身二門説」の淵源は、『維摩経』の「雖得仏道転于法輪入於涅槃而不捨於菩薩之道。是菩薩行」（大正一四・五四五・下）や『楞伽経』の「大慧。菩薩方便作願。若諸衆生不入涅槃者。我亦不入涅槃。是故菩薩摩訶薩不入涅槃」（大正一六・五二七・中）および『華厳経』の「衆生界不可尽。乃至世間転法転智転界不可尽故。我此大願善根。無有窮尽」（大正一〇・一八二・中）等の経典の証文、あるいは無著撰『摂大乗論本』に出る「成所作事修者。謂諸如来任運仏事無有休息。於其円満波羅蜜多。復更修習六到彼岸」（大正三一・一四四・下）や世親撰『妙法蓮華経憂波提舎』（法華論）に示される「我本行菩薩道今猶未満者。以本願故。衆生界未尽願非究竟故。言未満非謂菩提不満足也」（大正二六・九・中）等の論典の証文に求めることができるという。また、慈恩撰『成唯識論掌中枢要』に「瑜伽挾理五性類別。縦断善者入前性中。挾用雖無種体有故。大悲・断善則是第一或第四中」（大正四三・六一一・上〜中）とあるように、大悲闡提の不成仏を論じていたはずの慈恩大師基（法相宗大祖）においてもまた、闡提菩薩を通常の菩薩（第一の定姓菩薩と第四の不定姓菩薩）であるとする解釈のあったことを『尋思別要』は明確にしているのである。

しかし、何といっても『尋思別要』に示される貞慶独特の見解は、「大悲闡提成不成仏事」において展開する「実成・実菩薩」の義にあったといってよいであろう。すなわち、一身二門説によって「大智門では成仏、大悲門では不成仏」が論じられたことを受け、実際に仏道を成就して仏に成るとともに、果後に再び実の菩薩となって衆生化益の活動を行ない、その行の結果として再び仏となり、また果後に実の菩薩となって大悲行の実践をし続ける。

この永遠の大悲行の繰り返しを論じているところに貞慶教学の大きな特色がある。いわば、尽きることのない永遠の菩薩行（尽衆生界願）の実践が謳われているということである。これこそ大乗仏教の至極であり、天台等の一乗家より権大乗と謗られた不成仏種姓の中の「大悲闡提」の存在を逆手にとって、大乗仏教の至極である法相宗の優位性を示し、かつ自己の理想とする仏道理論を構築しようとしたものが、『尋思別要』の「大悲闡提」だったということができるのである。

この論理を展開するにあたって貞慶は、『尋思別要』「大悲闡提成不成仏事」において、慈恩撰『法華玄賛』の「無垢称経云。雖得仏道転於法輪。而不捨於菩薩之道是名菩薩行。故此菩薩名無尽意。雖諸菩薩願行皆同」（大正三四・八四七・上）や「験此普賢久已成仏。示現為菩薩。勧修妙行。無垢称云。雖得仏道転於法輪。而不捨於菩薩之道。是名菩薩行故」（大正三四・八五二・下）、あるいは「観音久已成仏不捨菩薩行故示為菩薩。何得不比如来。只如観音成仏功徳国土勝無量寿。一切仏身豈勝劣耶」（大正三四・八四八・下）などの証文を引き、闡提菩薩とされる観音・普賢の「果後の菩薩行」がすでに慈恩大師においても示されていたとして、自己の勝手な理論ではないことを強調している点など、用意周到であるといってよい。また、釈迦の「遠成・近成」義（成不成仏事の第十二問答）をもって、智増の釈迦にも果後の菩薩行の結果としての再成仏がなされたことをも合わせて示し、もって全ての菩薩に果後の実行（闡提尽衆生界願の行）のあることを論じたのであった。

『尋思別要』の大悲闡提の詳細については、冒頭の書誌情報にあげた拙編著の「翻刻読解の書」を見ていただきたい。そこには巧妙な論理展開が随所に見られ、飽きさせないものがある。しかし、その流れをあえていえば、不成仏伝を否定して成仏伝を論じ、成仏伝の中の一身二門説を昇華させた「実成実菩薩」論を展開して「尽きることのない永遠の菩薩行」を論じたところに、その最大の特色があったといってよいのである。前掲の「翻刻読解の書」では述べ尽くせなかったが、これは法相教学の体（実の仏）と用（実の菩薩）の不一不異のあり方を用いた論理でもあり、体と用の不異の面では観音等の大悲闡提菩薩の本性は久成の如来となるが、体と用の不一の面では実の菩薩となることを示したものである。これによって、貞慶自身の「因としての仏道」「果としての仏道」の方向性もまた確定し、闡提菩薩の一尊として名高い観音に付き従って大悲法門を実践し、「当来には自らもまた観自在沙門と名乗る」道を願ったのである。いわば、この願いを確定させるために『尋思別要』の冒頭において何よりも先に、この論義テーマを取り上げたものと考えられるのである。

（楠　淳證）

第二節　一乗五姓了不了義（いちじょう・ごしょう・りょう・ふりょう・ぎ）

【当該丁数】『論第一巻尋思鈔・別』（十六冊の内の第二冊）墨付三丁表〜十八丁裏。

【同名短釈】なし。（＊異名論題として『同学鈔』に「五姓一乗」がある）

【同　学　鈔】なし。右の異名論題は、大大正六六・四五・上。仏全七六・七九・上。

【読解研究】楠淳證・後藤康夫編『貞慶撰『唯識論尋思鈔』の研究─「別要」教理篇・上─』（法藏館／二〇二一年）四五七頁〜五四六頁（担当　楠淳證）。

【解　　説】

本論義テーマは、一乗義と五姓義のいずれが真実を説き尽くした教えか否かを問う問答である。

周知のように、中国より日本にかけて大乗仏教が展開する過程で、「一乗」と「三乗」の権実がしばしば論じられてきた。特に日本では、一乗真実を主張する天台宗より五姓各別を宗義とする法相宗に対して種々の論難が加えられるに至った。その論難の中には、唯識教学の大成者の一人である世親菩薩（四〇〇―四八〇年頃）の『仏性論』が一乗真実と説くものであったとするものもあり、これに対して徳一（?―七四九―八二四?）や蔵俊（一一〇四―一一八〇）による手厳しい反論のあったことは、すでに楠淳證・舩田淳一編『蔵俊撰『仏性論文集』の研究』（法藏館／二〇一九）において明らかにしたとおりである。今回の『尋思別要』の「一乗五姓了不了義」においては、まず冒頭に天台宗からの主な論難を取り上げて反論した後、最も大きな論点の一つである『法華経』と『解深密経』の説示の前後を巡る問答が以下に展開されている。これは、『法華経』『解深密経』のいずれが先に説かれたかによって、真実の教えがいずれの経典にあるかが明確になるため、諍論の一つになったといってよい。

すなわち、天台宗では『解深密経』→『法華経』の順に成立したとして一乗真実を高唱するが、法相宗では『法華経』→『解深密経』の順で成立したとして、五姓各別こそが真実義であるとするのである。ちなみに『尋思別要』での貞慶（一一五五―一二一三）の主張は、これに更に『維摩経』を加えた点に特色があり、『法華経』→『維摩経』→『解深密経』の順に成立したと主張している。

なぜ『尋思別要』が『維摩経』を加えて論じたかといえば、『維摩経』には「四乗真実、一乗方便」と説かれ、また具名である経題にすでに『勝鬘師子吼一乗大方便方広経』とあり、「一乗は大方便の教え」であることが明記されていたことが大きな根拠となっていた。ここでいう四乗とは三乗に人天乗（無姓有情）を加えたものであるから総じて五姓のことであり、『尋思別要』は『勝鬘経』の段階ですでに五姓義こそが真実であり、『法華経』の一乗義はすでに方便説であるとして会通されていたと主張したのである。したがって、この段階では『尋思別要』は「一乗を権（方便）、五姓を実（真実）」とする見解を示していたことになる。

しかし、『尋思別要』における貞慶の真意は、実は「真実の一乗、長時の五姓」と説くところにあった。この見解は、一乗を理（真理・真如）そのものと見て、その理が五姓の衆生に等しく説かれた所に三乗の教えがあるとするものであり、このことを『尋思別要』では『法華経』の「薬草喩品」を用いて論証した。これをもって貞慶は、通じては一乗義を説く『法華経』ではあるが、別しては「薬草喩品」に五姓義が説かれていたとし、『法華経』は「真の一乗、仮の五姓」を説くレベルにある経典であると規定し、更に『解深密経』に至って「真の一乗、長時の五姓」が説かれるに至ったと論じたのである。これをもって『尋思別要』は、『解深密経』の五姓義こそが、より完全な教えであると主張するに至った。

これは理と事の不一不異の理論より導き出されたものといってよい。すなわち、真実の理（一乗＝三無性）より説かれた教えが三乗であり、三乗の各別の教えが説かれるのは五姓の真実（事＝五姓＝三性）が現実的に展開しているからであると貞慶は見た。そこで、別に『法相宗初心略要』を著した際に貞慶は、「三性即三無性」の中道理論を用いて「五姓即一乗」と説いたのである。要するに、三性は依他起の事相を中心に説くものであり、ここに現実的な五姓が展開することになる。一方、三無性は勝義無性の空性（理性）を中心に説くものであり、ここに理の一乗が明示されることになる。理の一乗は三性面で示される円成実性の理そのものであるから「三性即三無性」となり、必然的に「五姓即一乗」が論じられることになると、貞慶は見ていたことになる。

右のように解釈すれば、「一乗が真実か五姓が真実か」という諍論はなくなることになる。このような和会的解釈は、蔵俊の『仏性論文集』によれば源信が初めて簡略ながら示し、それを蔵俊も「よし」として和会的姿勢を示すに至ったが、この点についてはすでに上掲の『蔵俊撰『仏性論文集』の研究』において明らかにしたとおりである。このような和会的解釈を貞慶もまた継承し、工夫参究して理論化したものが、この度の「真実の一乗、長時の五姓」という理論であったといってよいのである。

なお、貞慶がこのような和会的解釈を行なった背景には、「仏説はみな真実である」とする強い信念があったからに他ならない。このことについては、拙著『心要鈔講読』（永田文昌堂／二〇一〇）ならびに『貞慶撰『唯識論尋思鈔』の研究―仏道篇―』（法藏館／二〇一九年）において明らかにしたので参照されたいが、簡略にいえば自己の種姓が無性闡提（信不具足）でないのは「仏語を信じて疑いがない」（信具足）からであるという理論を有していたからである。これを基盤として貞慶は、「真実の一乗、長時の五姓」という和会理論を展開したといってよいであろう。

（楠　淳證）

第三節　証果廻心（しょうか・えしん）

【当該丁数】『論第一巻尋思鈔・別』（十六冊の内の第二冊）墨付十八丁表～二十六丁裏。

【同名短釈】興福寺十一・東大寺一・南都論草一・無為信寺五・薬師寺十六。

【同　学　鈔】大正六六・一・上、大正六六・七・下。仏全七六・二・上。

【読解研究】楠淳證・後藤康夫編『貞慶撰『唯識論尋思鈔』の研究―「別要」教理篇・上―』（法藏館／二〇二二年）五四七頁～六〇四頁（担当　楠淳證・間中定潤）。

【解　説】

本論義テーマは、一乗が真実であると説く天台宗より「五姓は方便である」とする種々の論難がなされたことを受けて、法相宗の「五姓の宗法」を守るために立てられた問答である。その要点は、すべての二乗が廻心するか否かを論ずるところにあり、「一切皆成」「二乗作仏」を論じる天台宗に対して、廻心して作仏するのは菩薩の種子を有する不定姓の二乗（漸悟の菩薩）のみであると論じたのである。

この「二乗の廻心」について、天台宗では『法華経』の「二乗作仏」の観点より種々の論難を展開するが、本論義テーマにおいて特に取り上げられたのは『般若経』であった。周知のように、『般若経』は法相宗の三時教判では第二時空教（般若時）に分類され、天台宗の五時判では第四時（般若時）の淘汰の教えとして位置づけられている。法相宗と天台宗ではそれぞれ、『解深密経』と『法華経』を正依の経典としているが、両宗のいずれの教判においても『解深密経』や『法華経』の前に位置する未達の教えとして類別されているのが『般若経』であるといってよい。そして、天台宗では法相宗が正依の経典としている『解深密経』を第二時（方等時）の権大乗経に位置づけ、第四時の般若時に「法開会」、第五時の法華・涅槃時において「人開会」がなされ、二乗の作仏が明らかにされたと説いている。これに対して法相宗では、『法華経』が説かれて後に『解深密経』が説かれたとして、『法華経』の会座では二乗の作仏は説かれていなかったとする。そして、不定姓の二乗（漸悟の菩薩）を誘引するために三時の教えが説かれたとする三時教判を立て、あくまでも定姓の二乗は作仏しないと論じたのである。そこで、本論義テーマ「証果廻心」を論ずるにあたって『尋思別要』では、まず冒頭に「『般若経』が説かれた時に空理（果）を証した二乗もまた廻心向大することがあるのか否か」という設問を立て、「末云」（貞慶の自義）として「廻心の義無し」と明確に否定したのであった。『尋思別要』の本問答はここから始まっているのである。

では、『尋思別要』が定姓二乗の廻心を否定したのはいかなる理由によるものだったのであろうか。これについて『尋思別要』は、第一に「『般若』時に我空のみの偏った教えを聞いて無学となった小乗の聖者は大乗に廻心して菩提心を発起することはない」、第二に「非開会の『般若』時の教えの段階では大乗の果が二乗の果とは大きく隔たったものであるとする心（懸涯の心）を破ることができない」、第三に「大乗の機類ならば廻心することは必然であるが定姓二乗は大乗の機類ではないので廻心することはない」と断じた。また、二乗の聖者の中で特に色界の聖者のあり方を取り上げ、第四禅天の中の五浄居天（無煩天・無熱天・善見天・善現天・色究竟天）にある不還果の聖者は廻心しないと『般若経』に明記されていることを傍証としてあげ、灰身滅智した定姓二乗が再び肉身をもって現れて廻心するなどということはないと断じた。

ここから『尋思別要』は更に、『般若経』において二乗発心（廻心）が説かれているか否かの問答を展開し、『般若経』に出る「未だ正性離生に已入せざると雖も」の文についての検証を進めていくのであるが、これについて貞慶は『般若経』に説かれる不定姓の二乗の廻心について、凡夫の発心は認めるものの退転するから真の発心ではないとし、聖者位に至った不定姓こそが廻心して大乗に趣向する機類であるとの見解を明らかにしていく。この師説（貞慶説）を受けて門下の弟子たちによる談義問答が次に展開し、慈恩大師基（六三二—六八二）の『法華玄賛』、淄洲大師慧沼（六四八—七一四）の『法華玄賛義決』、撲揚大師智周（六七七—七三三）の『法華玄賛摂釈』を用いて、貞慶による『般若経』解釈が妥当であることが次々に論証されていくのである。これが『尋思別要』の「証果廻心」の大要であったといってよい。

これによって論証されたものは、定姓二乗の廻心はなく、経典等に二乗の廻心が説かれるのは不定姓の二乗、すなわち大乗に趣向する漸悟の菩薩のことをいったものに他ならないとする点にあり、これによって「五姓の宗法」を護持しようとしたのが、『尋思別要』の意図であったといってよいのである。

（楠　淳證）

第四節　摂論十義（しょうろん・じゅうぎ）

【当該丁数】『論第一巻尋思鈔・別』（十六冊の内の第二冊）墨付二十七丁表～三十四丁表。

【同名短釈】なし。

【同　学　鈔】大正六六・三五・上。仏全七六・六一・上。

【読解研究】楠淳證・後藤康夫編『貞慶撰『唯識論尋思鈔』の研究―「別要」教理篇・上―』（法藏館／二〇二二年）六〇五頁～六四二頁（担当　蜷川祥美）。

【解　　説】

本論義テーマは、無著（三九五―四七〇頃）の『摂大乗論』（以下『摂論』）に出る「一乗と説く十の理由」を検証し、一乗説の会通を論じた問答である。

これについて、法相宗の大祖と位置づけられる慈恩大師基（六三二―六八二）の『法華玄賛』には、『摂論』の十義によって一乗と説く根拠が示されている。それを要約すると、以下の通りである。

(1)　不定姓の声聞を引摂して大乗に趣かしめるために一乗と説く。
(2)　不定姓の諸菩薩に菩薩のあり方を任持させて大乗に住せしめるために一乗と説く。
(3)　真如の理法は声聞等も同じく帰趣する法なので一乗と説く。
(4)　無我は平等に説かれるものなので一乗と説く。

(5)　解脱には違いがないので一乗と説く。
(6)　種姓に差別がある中、不定姓の声聞は成仏するから一乗と説く。
(7)　摂取平等意業（平等に衆生を摂取する意業）によって仏と衆生が同体となるので一乗と説く。
(8)　仏法性平等意業（声聞が仏の授記を受けて得る意業）によって仏の法性と声聞の法性とが同体となるので一乗と説く。
(9)　不定姓の声聞を誘引するために一乗と説く。
(10)　究竟の故に一乗と説く。

本問答はまず、一乗の根拠が示されている『摂論』の十義について、詳しく解説し、その中、(1)(2)(6)(9)は不定姓を誘引するために一乗と説くという観点から述べられ、(3)(4)(5)(7)(8)(10)は、真如の理法より見て一乗と説くという「理の一乗」の観点からの所論であることが示された。

次いで、他宗（天台宗）がこの十義についてどのような理解を示しているかについて、源信の『一乗要決』が引用され、その後に『尋思別要』の批判が三つの観点から示されていた。すなわち、①『摂論』の十義は『解深密経』に基づいて立てられたものなので、『法華経』を所依とする天台宗は依用しないという『一乗要決』の主張に対して、『解深密経』と『摂論』等を所依とする法相宗では、『法華経』こそ不了義とするのだとして、補処の弥勒菩薩の真説を破すことはできないと主張したのである。また、②『摂論』では会座にいる者のみが記別を受けることが述べられているが、『一乗要決』は『法華経』をあらゆる機根や機会に開かれた教えであると主張する。これに対して『尋思別要』は、論師はさまざまな「経」を総じて解釈しているにすぎず、したがって『法華経』は正しいものの、論師の解釈に偏ったものが見られるとして顚倒に近い問難であると一蹴した。また、③『摂論』の十義は『解深密経』に基づいて一乗を解釈しているので、『法華経』の一乗を解釈するにはふさわしくないとの『一乗要決』の主張に対して、『尋思別要』は『摂論』の法華一乗に対する会通・不会通の二義を出し、『解深密経』は一乗の本義を悉く会通していると論じたのである。

最後に、『法華経』にも説かれる趣寂声聞について、根が未熟であるから『法華経』の会座では記別を受けないとされることについて、梵文や論証式を引用しながら、機が熟すことはないので成仏することはないと結論づけている。

以上のように、『摂論』の十義に示される一乗義は不定姓を誘引するために一乗と説くというものであり、五姓こそが真実であり、一乗は不定姓誘引のためであったことが論じ尽くされたといってよい。ただし、貞慶は「一乗五姓了不了義」において「真実の一乗・長時の五姓」と説いたように、一乗の理こそが真実であり、その理のままに五姓の差別があるのだとした点に独特の見解を有しており、そのことを「一乗五姓了不了義」において明らかにした上で、本段において『摂論』の十義の検証を行ったのである。その際、特に注目すべきは天台宗の源信撰『一乗要決』を引いて、天台からの論難に真っ向から反論したことであろう。最澄（七六六／七六七―八二二）と徳一（?―七四九―八二四?）以来の根深い諍論の影響を引きずりながらも、一乗も五姓も共に真実であると主張することで仏法の真実を護持しようとしながらも、天台からの論難に反論し続けていかねばならなかったという点に、貞慶の悲嘆の一つがあったといってよいのである。

（蜷川　祥美）

第五節　楞伽声聞乗姓（りょうが・しょうもん・じょうしょう）

【当該丁数】『論第一巻尋思鈔・別』（十六冊の内の第二冊）墨付三十四丁表〜三十九丁裏。

【同名短釈】無為信寺一。

【同　学　鈔】大正六六・三七下。仏全七六・六三・中。

【読解研究】楠淳證・後藤康夫編『貞慶撰『唯識論尋思鈔』の研究―「別要」教理篇・上―』（法藏館／二〇二二年）六四三〜六八九頁（担当　西山良慶）。

【解　　説】
本論義テーマは、『入楞伽経』に説かれる「声聞乗姓」が「唯定姓」なのか「通不定姓」なのかを問う問答である。

周知のように、法相宗は大乗諸宗の中で唯一、「五姓各別」を説く宗である。五姓各別とは、声聞定姓・独覚定姓・菩薩定姓・不定姓・無姓有情のことであるが、この五姓説が宣揚されるにあたっては、種々の経証が示された。その中、定姓二乗の経証とされたものに『入楞伽経』がある。法相宗の大祖と位置づけられる慈恩大師基（六三二―六八二）は、『成唯識論掌中枢要』や『大乗法苑義林章』等において、『入楞伽経』所説の声聞乗姓を「定姓」と判じた。一方で、『入楞伽経』には声聞乗姓について説き示す中で、「堕不可思議変易死」という文も見られた。この一文は一見すると、声聞乗姓が変易身を受けるというようにも理解することが出来る。しかしながら、法相教学において趣寂の声聞定姓は変易身を受けることがないから、基の解釈と『入楞伽経』の説示との間に若干の矛盾が生じることになった。この点に言及したのが淄洲大師慧沼（六四八―七一四）の『能顕中辺慧日論』（以下『慧日論』）であり、先の経文についての会通がなされ、これを受けて日本では「唯定姓」と「通不定姓」の二釈についての問答が展開するに至った。『尋思別要』収録の本論義テーマもまた、この点について論じられたものである。

そもそも、「唯定姓」とは『入楞伽経』所説の声聞乗姓を定姓とする立場であり、「通不定姓」とは不定姓にも通じるとする立場であった。日本においては、論義テーマ「楞伽声聞乗姓」に対する見解はかなり多岐にわたったようで、『論第一巻同学鈔第四』（以下『同学鈔』）には「異義蘭菊」「異義区《まちまち》」（大正六六・三七下～三八上）と記されており、最終的に『同学鈔』では「通不定姓」の義が支持された。ところが、『尋思別要』においては「唯定姓」の立場が取られていたのである。問題となった『入楞伽経』の「堕不可思議変易死」という説示について『尋思別要』は、声聞定姓が「変易身を得る」のではなく、「変易生死の分斉を越えない」という意味であるとの会通を示したのである。そして、変易を得るのは廻心以降の不定姓であるとし、『慧日論』の立場は唯定姓説にあったと断じた。また、修学房覚晴（一〇九〇―一一四八）の主張する「通不定姓」をも会通し、「唯定姓」義を強く主張したのである。

このように、貞慶が祖師説をも会通して「唯定姓説」を展開した背景には、一乗家との間の諍論があったと考えられる。なぜならば、最澄（七六六／七六七―八二二）の『通六九證破比量文』や源信（九四二―一〇一七）の『一乗要決』においては、『入楞伽経』所説の声聞乗姓が「五姓各別説」を否定する文脈の中で用いられていたからである。その際には、「堕不可思議変易死」という『入楞伽経』の説示にもとづき、「定姓の者が説かれていない」「声聞定姓が変易身を受ける」等々の論難が展開されたのである。したがって、これらの論難に答えるためにも、『入楞伽経』所説の第一声聞乗姓について明確な解釈を示す必要があった。このような背景のもと、貞慶は「唯定姓」の立場をとったが、これは「五姓各別説」の経証という事実を前面に押し出した、まさに「五姓」を正義として強調する見解であったといってよいのである。

（西山　良慶）

第六節　定姓比量（じょうしょう・ひりょう）

【当該丁数】『論第一巻尋思鈔・別』（十六冊の内の第二冊）墨付四十丁表～四十五丁表。
【同名短釈】無為信寺五。
【同　学　鈔】大正六六・三八下。仏全七六・上。
【読解研究】楠淳證・後藤康夫編『貞慶撰『唯識論尋思鈔』の研究―「別要」教理篇・上―』（法藏館／二〇二二年）六九〇頁～七四〇頁（担当　西山良慶）。

【解　説】
本論義テーマは、畢竟不成仏である定姓二乗の存在を証明する因明の論証式への一乗家の論難に対して、法相宗側の会通解釈を明確に示した問答である。
周知のように、法相宗は五姓各別（声聞定姓・独覚定姓・菩薩定姓・不定姓・無姓有情）を旨とする宗であり、「趣寂の定姓二乗」の存在を認めている。法相宗の大祖と位置づけられる慈恩大師基（六三二―六八二）の『成唯識論掌中枢要』では、この定姓二乗の者がいることを示す種々の経論の証拠を挙げた上で、論理的証明として因明の論証式が示されている。畢竟不成仏である定姓二乗の存在は、大乗諸宗の中でも唯だ法相宗のみが許すところであり、経論の証拠に加えて因明による論理的証明を行うことで、より明確に示そうとしたのである。したがって、法相宗では基が示した定姓比量を正しい論証式であるとする立場を取る。しかし、一乗真実の立場からは当然、認められるものではない。そのため、様々な一乗家の人師が定姓比量の論証式に対して、種々の過失を指摘したのである。法相宗はこの指摘された種々の過失に対応する必要があり、そのために研鑽が重ねられたものが本論義テーマ「定姓比量」であった。

一乗家から指摘された種々の過失のうち、『尋思別要』では「法差別相違」と「相違決定」の二つの過失が取り上げられている。「法差別相違」の過失とは、論証式の主張命題（宗）の賓辞の内に含まれる意味と理由根拠とが相容れない関係にあることをいう。また「相違決定」の過失とは、立論者と対論者の論証式がいずれも正しい理由根拠（因）を具えている時に、互いの主張が相反していて、論破できない過失のことをいう。このうち、「法差別相違」の過失は様々な人師によって指摘されたものであった。一方で、「相違決定」の過失については、補注に「源信」と示されていることから、源信（九四二―一〇一七）の『一乗要決』に対する反駁であったことは明らかである。すなわち、『尋思別要』では種々ある過失の中から、定姓比量に対するオーソドックスな論難である「法差別相違」の過失と、天台宗の重要典籍である『一乗要決』に見られる「相違決定」の過失を抜き出して、検討を加えたのである。

では、なぜに『尋思別要』では、種々ある過失の中から「法差別相違」と「相違決定」の二つの過失が取り上げられたのであろうか。『尋思別要』では、定姓比量が正しい論証式であることを示すために、「四分建立量」が類例として示された。なぜなら、定姓比量と「四分建立量」とは、主張命題に含まれる意味（差別）と喩例（喩）との関係性が同じあり方となっているからである。すなわち、「四分建立量」が正しい論証式であると明らかにすることで、定姓比量もまた正しい論証式であることを示そうとしたのである。

このような展開は真興（九三二―一〇〇四）や蔵俊（一一〇四―一一八〇）にも見られ、貞慶もこの流れを踏襲している。また、源信は定姓比量に対して相違決定の過失を指摘する際に、『成唯識論』で示される「不相応量」に准じて「相違決定」の論証式を立てている。したがって、これに対する反論では、『成唯識論』の論証式にもとづく過失の指摘を如何にして斥けるかが問題とされた。

以上のように、一乗家が指摘する二つの過失に対して法相宗が反論を行う際には、議論の範囲が定姓二乗の有無のみならず、唯識の重要教説である四分義や『成唯識論』の所説そのものの真偽にまで及ぶのである。この点において、「法差別相違」と「相違決定」の二つの過失への反論は、一乗家が指摘する種々の過失の中でも特に重要なものであったと考えられ、『尋思別要』においては特に取り上げて検討を加えるに至ったのである。

（西山　良慶）

第七節　無性比量（むしょう・ひりょう）

【当該丁数】『論第一巻尋思鈔・別』（十六冊の内の第二冊）墨付四十五丁裏～五十二丁裏。

【同名短釈】なし。

【同　学　鈔】大正六六・四三・中。仏全七六・七六・上。

【読解研究】楠淳證・後藤康夫編『貞慶撰『唯識論尋思鈔』の研究―「別要」教理篇・上―』（法藏館／二〇二一年）七四一頁～七九七頁（担当　西山良慶）。

【解　説】

本論義テーマは、法相宗の大祖と位置づけられる慈恩大師基（六三二―六八二）が立てた「畢竟不成仏である無性の存在を証明する因明の論証式」について検証した問答である。

周知のように、法相宗は大乗諸宗の中で唯一、一分不成仏の者がいるとする「五姓各別説」を説いている。「無性比量」は、このような畢竟不成仏である無姓有情の存在を論理的に証明するものであることから、特に重要な教理項目の一つであった。本論義テーマ「無性比量」は、基が『成唯識論掌中枢要』において立てた「所説の無性は（有法）決定して応に有るべし（法）。有無の二性は随一の摂なるが故に（因）。有性の者の如し（喩）」という論証式を問題としている。一乗真実の立場からは、畢竟不成仏である無性の存在は当然のことながら、認めることは出来ない。そのため一乗家の諸師は無性比量に対して種々の過失を指摘し、法相宗はその論難に備える必要があったのである。このような背景のもと、無性比量の真偽について、考究・研鑽されていったものが本論義テーマであった。

『尋思別要』では初めに無性比量が共比量であることが示される。共比量とは、立論者と対論者とが共に認める概念のみによって構成された論証式をいう。もしこの条件が満たされない場合は、相手を論破する力のない自比量となってしまうのである。そこで、無性比量が他者を論破する功能を有する共比量であることを、種々の道理を示すことで明らかにした。その上で、『因明入正理論』の「有性非実量」を類例として、主張命題には「畢竟不成仏の無性」という含まれた意味（意許）があるとしたのである。ここで問題となったのが、無性比量は正しい論証式である一方で、「有性非実量」は過失ある論証式とされている点である。誤った論証式をもとに無性比量の意許のあり方を定めているので、無性比量にも有法差別相違因の過失があるとされる恐れがあった。これに対して『尋思別要』は、「有性非実量」は「実有」の概念によって「無体」の概念を成立させようとしている点で道理に合わないため過失があるが、無性比量は「有為の談得」である阿頼耶識の功能を示す理由根拠によって、事中の差別である五姓各別を論証するという一貫性が見られるため過失がないとするのである。

また、法相宗は、一乗家が無性比量に有法差別相違因の過失があると指摘する論証式に、無合・不離の過失があると反論した。このことについては、「能違無合不離失」・「能違重犯無合不離失＊本義＊」の二項目が設けられ、前者では相伝の義が、後者では貞慶の潤色が加えられた義が示されたのである。すなわち、相伝の義では無性比量の意許に注目した論理が、また貞慶の潤色の義では主張命題賓辞（法）と喩例（喩）の論理的結合関係に注目した論理が展開されている。ただ、『明本抄』で貞慶は相伝の義について奥深い解釈であるとしながらも、論疏上の明確な証拠が無いことを認めている。

貞慶の最晩年の著作である『明本抄』において論拠が見い出されていない以上、『尋思別要』編述時も論拠が不明瞭であった可能性は極めて高い。貞慶の問題意識はここにあったと考えられる。すなわち、貞慶は論拠が不明瞭な相伝の義だけではなく、論理的結合関係に注目した自らの潤色を加えることで、論義テーマ「無性比量」により重厚な論理構造を構築したのである。

（西山　良慶）

第八節　無余廻心（むよ・えしん）

【当該丁数】『論第一巻尋思鈔・別』（十六冊の内の第三冊）墨付二丁表〜二十九丁裏。

【同名短釈】なし。

【同学鈔】大正六六・三四・上。仏全七六・五八・上。

【読解研究】楠淳證・後藤康夫編『貞慶撰『唯識論尋思鈔』の研究―「別要」教理篇・上―』(法藏館/二〇二二年)七九八頁~九〇六頁(担当 後藤康夫)。

【解説】

本論義テーマは、無余涅槃に入った者の中で後に廻心向大する者がいるのか否か、および定姓二乗が廻心向大するのか否かを論ずる問答である。

周知のように、法相教学では五姓各別(声聞定姓・独覚定姓・菩薩定姓・不定姓・無姓有情)を説き一分不成仏や不定姓の者たちの存在を認めている。しかし、これは不成仏の者たちの存在をことさら説きたかったのではなく、菩薩種姓の自覚のもとで菩薩の道を歩めと教えることが五姓各別説の真の意義であったことを理解しておかなければならない。その観点より法相宗では、定姓菩薩(頓悟)と不定姓菩薩(漸悟)についての考察が進められ、どのような種姓がどの時点で菩薩道を歩むことになるのかも論じられた。なかでも問題視されたのが、「無余涅槃に入った者の中で後に廻心向大する者がいるのか否か、あるいは定姓二乗が廻心向大するのか不定姓の二乗(漸悟)が廻心向大するのかが、大きな問題として論じられるに至った。これが本論義テーマ「無余廻心」である。

その背景には、『法華経』を真実義とする天台宗からの論難があった。すなわち、天台宗所依の『法華経』「化城喩品」(大正九・二五・下)には、釈迦牟尼仏が沙弥の頃に教化した者たちが今の眼前の弟子たちであり、昔も今も同じ弟子たちに説法を続け、たとえ弟子たちが成仏の教えを忘れたり信じようとせずに二乗の段階に留まっていたとしても、後に一切皆成の教えを思い出すことで成仏することができると説かれていた。これにもとづけば、一切皆成は定姓二乗にも適応されるのであるが、このことは五姓各別を説く法相宗では決して認めておらず、『法華経』

に説かれる二乗は不定姓の二乗（漸悟の菩薩）のことであるとして会通された。要するに、無余廻心の者がいるのか否か、廻心向大の二乗とは何者かが、天台宗の論難を背景として注視されていたことが知られるのである。

このような重要な経典である『法華経』に対して、法相宗の大祖と位置づけられる慈恩大師基（六三二―六八二）は、『法華玄賛』（大正四三・七九七・下〜七九八・上）に多釈を示した。このうち『尋思別要』では、不定姓の者の現身（身智を滅しない）での廻心を説き、無余涅槃に住することなく必ず廻心する者がいることが唯識教学の定立であると見た。すなわち、此土での滅後に他土に趣いて廻心することへの疑いを否定するために説かれたものが『法華経』であって、釈尊が此土で『法華経』を説くのは廻心の二乗が不定姓に限ることを明らかにするためであったとしたのである。この観点よりすれば、他土における二乗廻心の者もまた不定姓であるということになる。ただあくまでも、穢土での『法華経』を契機として発心・廻心して変易身を受けて浄土に居すのであり、なかには此土で弥勒仏に逢ったり他土で廻心することもあるとして、此土・他土での廻心等に関する不定姓のありようを示している。ここに『尋思別要』が本論義テーマをあつかった一つの意図があったと見るべきであろう。

このように不定姓による廻心向大には疑問を差し挟む余地はないとするならば、そもそも「無余」や「変易」とは何なのかといった語への疑問、および法相宗の根本論典である『成唯識論』等は果たして正当な漢訳として用いる価値があるのか否か等もまた、問題とされるに至ったのである。これは教義上の問題から派生して、天台等の一乗家が批判してくるであろう疑難への反論の意味合いをもって示されたものである。前者の「無余」等の語釈については、自宗の立場を示す『成唯識論』や『成唯識論述記』『瑜伽論』『大乗荘厳経論』『法華玄賛』等々、および反意を示す『勝鬘経』『仏性論』等々を挙げながら、一つ一つの文言に対して自宗の優位性と他宗の教証不備を指摘していく。また、後者の漢訳の正当性については、根幹となる『成唯識論』『瑜伽論』等について漢訳の正当性を明らかにしていくのである。すなわち、諸『論』についてはいたずらに他を批判することを戒め、疏主等に准じて解釈することを勧めていく。ことに、『成唯識論』が合糅訳であることへの五つの疑問に対しては、

① 下劣な根機に対して略法を用いて正義を論じる。
② 顕慶年間（六五六―六六一）以来、時機に適って聖旨を保っている。
③ 玄奘は自らを顧みず求法し、妙釈の伝灯を得ているため、決して偏向はない。
④ インドでの求法の様子を挙げて、『唯識論』の糅訳の段階に至って初めて誤るなどということは考えられない。
⑤ 人師たちの霊験を挙げながら玄奘自身のことは示さないまでである。

と答えている。このような『成唯識論』『瑜伽論』等への検証は、それらの論典が「無余廻心」に関わる法相宗の正当性を論証する根拠となる観点より、疑いを斥ける意味合いでなされたものであったといってよい。かくして、本論義テーマに関する『尋思別要』の問答構成は、前半が不定姓の廻心向大の義の検証、後半がその根拠となる論書の正当性の検証となったのである。

以上のように、論義テーマ「無余廻心」において貞慶は、五姓各別説を否定しようとする天台等の一乗家の論難に対して、無余涅槃に入った者が廻心向大することはなく、『法華経』の記述はあくまでも不定姓の二乗（漸悟の菩薩）のことをいったものであるとして法相宗の五姓各別説を護持すると共に、その根拠となる『成唯識論』や『瑜伽論』への批判に対しても明確な見解を示したといってよいであろう。

（後藤　康夫）

第二章　縁起段（上巻・九〇七〜一二〇八頁）

第一節　帯質通情本（たいぜつ・つう・じょう・ほん）

【当該丁数】『論第一巻尋思鈔・別』（十六冊の内の第四冊）墨付二丁表〜五丁表。

【同名短釈】なし。（＊異名論題として『同学鈔』に「種通情本」がある）

【同　学　鈔】なし。右の異名論題は、大正六六・九三・上。仏全七六・一八一・上。

【読解研究】楠淳證・後藤康夫編『貞慶撰『唯識論尋思鈔』の研究―「別要」教理篇・上―』（法藏館／二〇二二年）九〇八頁〜九三一頁（担当　蜷川祥美・楠淳證）。

【解　　説】

本論義テーマは、本質相分と見分の両方に従ってあらわれる帯質境が、自の種子より生じるのか否かについて論じた問答である。

玄奘三蔵（六〇二―六六四）が創説したとされる『三蔵加陀』の中に、「性境は心に随わず、独影はただ見に従う。帯質は情と本に通ず。性・種等は応（よろしき）に随うべし」とある。これは、識が認識する対象を三種（性境・独影境・帯質境）に分類した「三類境」義について述べたものである。

「性境」とは実の種子より生じた実用ある真実の境体のこと、「独影境」とは見分の分別力によって変現した実体のない影像のこと、「帯質境」とは本質を有しながら誤って浮かべる本質相似の影像のことをいう。古くより「四分三類唯識半学」と称され、認識する心を分析した四分と共に認識される対象を明らかにしたものとして、三類教義は法相教学において重要なものと位置づけられてきた。その中で、帯質境について特に「帯質は情と本とに通ず」と説かれるのは、帯質境が性境（本質に従ってあらわれる境）と独影境（見分に従ってあらわれる境）の中間に位置し、本質と見分の両方に従ってあらわれる境であることを意味する。本問答では、この点を問題化し、「種子に通の義があるのか否か」と問うている。

本問答では、この帯質境についての分析が詳細になされている。『三蔵伽陀』に「通情本」とあるのはこのことを意味しており、帯質境には「性通情本・種通情本・繫通情本」の三通情本のあることが指摘されている。ここでいう「情」とは能縁の見分のことで、「本」とは本質相分をさす。この二つに従う境相なのであるが、しかし帯質境もまた自の種子より生じたものであるとするのが、『尋思別要』の問答の一貫した趣旨であった。

本問答の冒頭に、『三蔵伽陀』の「通情本」を挙げて、種子にも通の義があるか否かと問うた問難に対して、貞慶の自義である「末説」には「帯質境は必ず能縁の心（見分）と本質の力を借りて現行すること」が明確にされた。ここで注目すべきは「借りて」とある箇所であり、帯質境を生じる自の種子が因縁（本質の種子に従う＝本）・分別（見分の種子に従う＝情）の二変の影響を受けて現行するので、「借りて」という表現が用いられているのである。しかし、二変の影響が大きいので「その種子は必ず情・本の二門に属す」とも『尋思別要』は述べた。ここに帯質境を理解する肝要点があったといってよい。

興味深いことに、智周の『枢要記』には「帯質境の相分は三種の種子を熏ずる。見分と本質と自らを熏ずる種子とである。この三種子は別体の種子ではなく、三つの功能を持つ一つの種子である。もし別体ならば相分は見分の種子を熏習することはないし、本質の相分をもって別の種子を熏習したならばもはやそれは帯質境とはいえない。なぜならば、性境もまた本質の種子を熏習するからである。したがって、帯質境を生じる種子には、三種の効能がそなわっていることは明らかである」と述べられていた。この見解を『尋思別要』において貞慶は正義説であると主張したのである。

本問答によって『尋思別要』が明らかにしようとしたのは、帯質境を生じる独自の種子はあるものの、本質相分に似て非なる影像相分を浮かべている点より、必ず情（見分）と本（本質相分）の影響を受けるものが帯質境であり、それを他の二境の種子を主として考えるのではなく、自の種子の上に三種の功能があると見た点に、本問答の特色があったといってよいであろう。

なお、三類境義において今一つ注意しておくべきことは、三類境において三性が語られているという点である。すなわち、性境というべきものには総じて、⑴第八心王所変の三境（種子・五根・器世間）、⑵前五識所縁の相分および五倶意識所縁の相分、⑶有漏・無漏の定心所変の相分、⑷後二分所縁の対境、⑸無分別智所縁の真如等があり、そこにはまさしく依他起性と円成実性が語られていたといってよい。一方、独影境は遍計所執性そのものであり、帯質境もまた遍計所執性を説くものといってよい。我われの認識する世界は本来、円成の真実のままに現れた依他起の世界である。それを我々の妄情（能遍計の心）である第七・第六の両識が歪めて、遍計所執性の世界を描き出す。その中で独影境のあり方が遍計所執の世界であると行者にはすぐにわかる。しかし、問題となるのは凡夫が見ている世界がすべて遍計所収の世界であり、何の影響でどのように歪めて見てしまっているかを量る指針であろう。それを端的に示したものの一つが「帯質境」義であったといってよい。貞慶は「人は一生の間、遍計所執の世界しか見ていない」と述べたが、仏道成就を願って実践に励むものにとって「帯質境」のあり方は、我われがいかに迷って見ているかを知る一つの指針となるものであった。ここに貞慶が『尋思別要』で本問答を展開した一つの意義があったのではないかと思われる。

（楠　淳證）

第二節　変似我法（へん・じ・がほう）

【当該丁数】『論第一巻尋思鈔・別』（十六冊の内の第四冊）墨付五丁裏～二十丁表。

【同名短釈】東大寺一・南都論草一・無為信寺八・薬師寺十。

【同　学　鈔】大正六六・七五・中、同一〇三・上。仏全七六・二〇一・中、同二〇六・中。

【読解研究】楠淳證・後藤康夫編『貞慶撰『唯識論尋思鈔』の研究―「別要」教理篇・上―』（法藏館／二〇二二年）九三二頁～一〇二八頁（担当　村上明也・小野嶋祥雄・吉田慈順）。

【解　　説】

本論義テーマは、第八識所変の「仮我・仮法」を第七識と第六識が虚妄に認識して「実我・実法」と執し、その影響を受けて第八識と前五識が「似我・似法」と認識している心的構造を論じた問答である。

本論義テーマを「変似我法」と仮称したのは、『成唯識論同学鈔』の「変似我法」なる論義題目に相当すると考えたからに他ならない。内容的に「変似我法と八識」「遍計所執分斉の義」「能遍計所執分斉不同の義」「計義も亦た八識に通ずるの義」「当情現分斉の義」「相縛の義」「安恵の義に准じて證と為す」「変似の義」「我法の義」「所縁の境処に猶し似我・法の力有る乎」「似実法の義」「似実我の義」「『成唯識論了義灯』説の検討」「『成唯識論演秘』

説の検討」「『成唯識論掌中枢要』説の検討」という十五の論題から構成される「変似我法」は、有漏の前五識と第八識の前にも「変じて我法に似る」義があるか否かを問う論義テーマである。迷いの存在である我々は、ありとあらゆるすべてのものを妄情によって「実我なり」「実法なり」と執著するが、その際に現れる妄相（自性）が遍計所執性である。

本問答において注目すべきは、冒頭の問難に対して貞慶が、「末に云わく」（貞慶自義）として、有漏の全八識の現前には必ず虚妄の相状を帯びること、その虚妄はすべて我・法二執に収められること、この遍計所執の妄相があるため如幻（相としては依他起性、理としては円成実性）を了知・了達することができないこと、我・法二執を示現する根本的な識が第七識・第六識であること、第七識と第六識の熏習力によって前五識と第八識の前に似我・似法の相が変現されることなど、「変似我法」に関する基本的・全体的な理解を示している点にある。そこから貞慶は、護法（ダルマパーラ／五三〇―五六一）を正義とする玄奘（六〇二―六六四）訳『成唯識論』をはじめ、基（六三二―六八二）撰『成唯識論掌中枢要』、慧沼（六四八―七一四）撰『成唯識論了義灯』、智周（六七七―七三三）撰『成唯識論演秘』の「三箇疏」や基撰『成唯識論述記』『大乗法苑義林章』など、「変似我法」に関わる記述を、ときには単一的に、ときには並行的・複合的に引用しながら、自義の証明を行なっていく。

その結果、第八識より転変した五根や色法などの仮我・仮法に対して第七識と第六識が妄執して実我・実法の妄相が現れ、その両識の強い「思」の影響を受けて分別のはたらきのない第八識と前五識の前に我に似た相（似我）が現れるとの論を展開していく。すなわち、第八識や前五識には「我・法」と執する分別はないが、しかし第七識と第六識の実我・実法の妄執の業力を受けて、第八識・前五識の見分・相分に「我・法」と了知する似我・似法の義が生じると論じるのである。これをもって冒頭に示された「末説」（貞慶自義）の「有漏の全八識の現前には必ず虚妄の相状を帯びる」ことが明らかにされたのが本論義テーマの趣旨であったといってよい。詳細は、前掲の読解研究の書を参照されたい。

（村上　明也）

第三節　定障伏断（じょうしょう・ぶくだん）

【当該丁数】『論第一巻尋思鈔・別』（十六冊の内の第四冊）墨付二十丁裏～二十九丁裏。

【同名短釈】なし。

【同　学　鈔】大正六六・一一一・上。仏全七六・二二〇・中。

【読解研究】楠淳證・後藤康夫編『貞慶撰『唯識論尋思鈔』の研究―「別要」教理篇・上―』（法藏館／二〇二二年）一〇二九頁～一一〇二頁（担当　舩田淳一）。

【解　説】

本論義テーマは、禅定の深化を阻害する強固な惑障である「定障」を二乗がどのように伏・断するのかを取り上げ、菩薩の場合と対照しつつ論じた問答である。

インドにおいて成立した大乗の唯識学派は、一種の分析哲学としての相貌を見せるアビダルマ教学を成立母体に持つ極めて学問的な仏教である。もとより修道なき仏法はありえないため、諸学派はそれぞれ特色のある修道論を展開するに至るが、中でも唯識学派は最も高度な断惑証理論を構築したといってよい。禅定の修習によって段階的に惑障を対治し、漸進的に真理を分証してゆく、その実践過程の細密なる論理化には瞠目すべきものがある。

日本の法相宗においても、禅定実践とそれによって証得される境位を闡明する「行位論」は、論義の重要テーマとして存している。その一端がこの論義「定障伏断」にも明示されていると評してよい。この論義テーマにおいて問題とされる「定障」とは、禅定による境地の深化を阻害する強固な惑障であり、二乗（声聞・独覚）がそれをどのように伏するのか、あるいは断じることは不可能なのか、この点を菩薩の場合とも対照しつつ、実に緻密な議論を展開してゆくのである。その問答の内容は多岐に亘り、必ずしも単線的に展開しない。例えば、初めは二乗の必断定障を認める立場から問答が展開するが、後には伏することさえ疑問視する立場からの論難も見られるのである。

これは種々の側面から「五種姓別」（五姓各別）という、法相一宗の正義説を究明せんがための問答形式であると思われる。それ故に問答は多様性を帯びるのだが、ともあれ貞慶の根幹的主張は、「二乗は定障を断じることはできないが、伏することは可能である」という一点に措定され、本論義テーマはそこへと収斂する構造を有する。そしてその中で、二乗の定障断除を認める『対法論』と『対法抄』の言説を、いかに会通するかという教学的な難問が、不可欠の論点として浮上してくる。ただし二乗に対して、定障を断ずることが可能な菩薩の優位性を弁証することが、必ずしもこの問答の主眼であるとは言えない。二乗が定障を伏するための観行としての六行観にも、問答の比重が掛けられていることは等閑視できないのである。本論義テーマでは、六行観における欣上厭下の性質が重視されており、その六行観は勝進道や止息想といった実践的な諸概念とも、関係づけて問答される傾向が窺えるのである。なお、こうした二乗による定障の伏・断が子細に議論されるのは、法相宗の正義説である五種姓別（五姓各別）の観点から、小乗を経由して大乗に帰入する漸悟の菩薩（不定姓の菩薩種姓）を教化し導く必要性によるものかと考えられる。

論義テーマ「定障伏断」は、実践によって体得される心地というものに対して、あくまでも学問的位相における把捉を目指しているがごとくに感じられる。だが熟読するならば、本論義テーマには、法相宗の源流をなすインドの瑜伽行派以来、営々と蓄積されてきた唯識教学の実践への志向性が深く刻印されており、日本中世の唯識学侶にもそれが脈々と継承されていたことが看取されるであろう。詳細は、前掲の研究書を参照されたい。（船田　淳一）

第四節　若論顕理（にゃく・ろん・けんり）

【当該丁数】『論第一巻尋思鈔・別』（十六冊の内の第五冊）墨付三丁表～七丁表。

【同名短釈】興福寺十三・南都論草三・無為信寺十一・薬師寺四。

【同　学　鈔】大正六六・六五・上。仏全七六・一二五・上。

【読解研究】楠淳證・後藤康夫編『貞慶撰『唯識論尋思鈔』の研究―「別要」教理篇・上―』（法藏館／二〇二二年）一一〇三頁～一一二七頁（担当　後藤康夫）。

【解　　説】

本論義テーマは、真理を顕証する観法が空観なのか否か、および五重唯識の観の中では何にあたるのか論じている。

周知のように、法相宗は教学を重視し、実践面では他宗に比して具体性に乏しいという指摘を受けることもあったが、しかし法相宗の大祖と位置づけられる慈恩大師基（六三二―六八二）以来脈々と「唯識観」という実践法が伝えられてきた事実を無視してはいけない。すでに根本論典である『成唯識論』の造論の三つの理由に示されるように、最終的に唯識性へ悟入する方向性を示しているのが唯識仏教である。そのためには、一切位に亘って「唯識」のありさまを観察し、修し証する必要があった。これが唯識観（唯識三性観）と言われる行法である。これを組み換えて五重唯識の観を新たに示した基は、『般若心経幽賛』や『大乗法苑義林章』「唯識義林」（以下『義林章』）の中で、遣虚存実識から捨濫留純識・摂末帰本識・隠劣顕勝識を経て遣相証性識へと至る道を提示した。そして、有空妄執・依円真実、外境・内識等々と各重内で二項対立的に遣・存を進め、一方を存し他方を遣捨することで次第に真理へと至る道を明らかにしたのである。

この中で、初重の遣虚存実識は遍計所執を虚妄であるとして遣り、依他・円成を真実であるとして存する唯識をいうが、法相宗の第三祖に位置づけられる撲揚大師智周（六七七—七三三）の『成唯識論演秘』（以下『演秘』）には「若論顕理要資空観」（大正四三・八一六・上）といい、執着を破して真理に至るには空観を資とすることが明記されている。この文を契機として、空有観による唯識悟入や五重唯識のどの重に措定されるのか等が、日本では新たな問題意識として認知されるようになった。これに一定の解決案を与えたのが『尋思別要』である。

初問では有観では決して真理を顕現することはできないと明確に否定されたが、「付之」の問難ではさらに「有観と空観とによって同じく真理を顕証するのではないか」との疑義が示された。これを受けて貞慶の自義である「末云」には、『演秘』の取意文をあげて、真理を顕証するのは空観力であると明確に論じられていく。

この空観の重要性に対する指摘は、空観が五重唯識の何重に措定されるものなのかという点にも連動しており、『尋思別要』では第一義は初重、第二義は第五重、第三義は遣相証性の三案が提示された。ただし他論義テーマと異なり、必ずしも決択していない。

まず、第一案の「初重」義は遣虚存実における空観を指している。遣虚と遣相とには浅深の相違があるが観解には変わりはなく、遣虚存実は三性一念観であるから、その際の所観は円成であり、円成の真理を観ることで依他の相をも知ることができる。こうして所執相は漸次に現われなくなることが遣存成満の意味となる。初重であれ第五重であれ、地前・地上の一切位に思量し修せられるので、第五重の空観も加行位で修せられることもあるし、また初重の空観も地上で修せられることもある。したがって、何れの重でも空観によることは認められると述べた上で、初重の一実観を遍依円の三性観であるとして三性を捉えていくのである。

第二案は「第五重」を指している。『義林章』『演秘』の文面にもとづき、第五重は円成による所執所遣と真理への悟入（契会）を論ずるものであり、その真理への悟入は空観によってなされると見ている。

この二つの案を示した後、加行位での修し方についても問答しており、初重は遣虚存実における空観、第五重は円成の真理を証する点から、後義（後案）の円成の空観を採るべきであると記している。

問答後は第三案の「遣相証性」を挙げている。同じ第五重においても複数の案があったことを示唆している。それによると、第三義の遣相証性の空観を遣相義とし、所遣の相は依他起性を根本として遍計所執をも兼ねるので依他・遍計をともに排するとし、また理観には直ちに空観の義を論じるので、無相真理は後二無性（生無性・勝義無性）を依円の体とすると述べている。ただし詳細は省略している。

五重唯識の空観に関する三案は本問答では結局のところ未決択であったが、貞慶にとって空観のはたらきが真理を顕証していくもので、空観力が重要であることを強調している点には変わりはない。要するに、貞慶は中道の空観という実質的な行の本質を本問答において問うたのであり、これは貞慶の仏道論に根ざす探究であったということができる。ちなみに、論義問答に終始する『同学鈔』では、空観の優位性を認めるものの五重中の何重に措定するのかまでは論じていない。

（後藤　康夫）

第五節　安恵許五識有煩悩歟（あんね・こ・ごしき・う・ぼんのう・か）

【当該丁数】『論第一巻尋思鈔・別』（十六冊の内の第五冊）墨付七丁表～七丁裏。

【同名短釈】なし。

【同学鈔】大正六六・六五・中（五識煩悩障）。仏全七六・一二五・下（安慧五識煩悩障）。

【読解研究】楠淳證・後藤康夫編『貞慶撰『唯識論尋思鈔』の研究―「別要」教理篇・上―』（法藏館／二〇二一年）一一二八頁～一一三五頁（担当　後藤康夫）。

【解　説】

本論義テーマは、前五識にも煩悩障があるのか否かを問う問答である。

周知のように、法相宗の根本論典である『成唯識論』は、護法の教説を正義として合糅訳された論書であるため、他の十大論師の教説は批判される傾向にあるが、十大論師による『成唯識論』作成の意図まで排斥されているわけではない。すなわち、『成唯識論』の作成意図を示す三釈（悟断得果・達空悟性・破執顕理）の中の「悟断得果」は十大論師の中の一人である安慧の見解によるものである。ただし、諸八識と煩悩との関係において安慧は、前五識にも煩悩障を認める解釈を示した。しかし、この解釈は『成唯識論』に出る「我法と執するに由り二障の具に生ず。若し二空を証すれば彼の障も随いて断ず」（大正三一・一・上）や、慈恩大師基（六三二―六八二）の『成唯識論述記』に出る「我と執せざるとき煩悩無きが故に」「少障としても執に依らずして生ずるもの有ること無し」（大正四三・二三五・上）と説くことと矛盾しているように見える。そこで本論義テーマでは、前五識にも煩悩障があるのか否かを問題とし、安慧の意図は「前五識が煩悩と相応する」という立場より論じられたものであると会通していくのである。

そもそも、基の『成唯識論掌中枢要』（以下『枢要』）には、第六・第七の煩悩障を「重障」とし、前五識・第八識の煩悩障を「軽障」としているが、これは第六・第七の重障に「相応」（大正四三・六一六・上）して、分別心でない前五識と第八識にも、その影響が出る点より論じられたものである。そこで『尋思別要』の末説（貞慶自義）には、安慧の意図は「前五識は必ず煩悩障と相応する」という点にあり、「すでに善・悪・無記の三性に通ずる」点より、不善（悪）が煩悩と倶時に存在するという解釈を示していたことが知られる。この点では、大乗・小乗の諸宗もまた前五識に煩悩がないとは述べておらず、安慧一人の独創ではない。もし、この見解が安慧一人の自義であるならば、『成唯識論』においても別義とされ破斥されたであろうが、そのような言葉は見られないので、『尋思別要』は「疑貽なし」と述べていく。その上で、「前五識自らには執がなくとも第六識・第七識の我法二執の影響を強く受けて〈非執の煩悩〉を引くため〈相応する〉と言うまでで、それをもって過失とはならない」と論じている。

このように、前五識の性質を示すことが『尋思別要』掲載の意義となっていると見てよいであろう。ただし、安慧説について「所知法執五六八・我執相応唯六七・煩悩相応唯七転・五八法執安慧宗」といい、護法説について「二障相応前七転・二執相応唯六七・五八無執護法宗」等と法相宗で呼び慣わしてきた識と障との関係について、前五識から見れば所知障法執・煩悩障と相応する安慧釈と倶生起の二障と相応する護法釈とでは、一部重なる部分もあり、かつまた異なる面と異ならない面とが併存していること等も、たいへん興味深いことである。

（後藤　康夫）

第六節　西明意釈二障躰（さいみょう・い・しゃく・にしょう・たい）

【当該丁数】『論第一巻尋思鈔・別』（十六冊の内の第五冊）墨付八丁表。
【同名短釈】なし。
【同　学　鈔】大正六六・六六・上。仏全七六・一二六・下。
【読解研究】楠淳證・後藤康夫編『貞慶撰『唯識論尋思鈔』の研究―「別要」教理篇・上―』（法藏館／二〇二二年）一一三六頁〜一一四二頁（担当　後藤康夫）。

【解　説】

西明寺円測（六一三―六九六）は、法相宗の大祖（開祖）として位置づけられる慈恩大師基（六三二―六八二）の見解とは異なる解釈を示すことが多かったので、法相宗の伝統においては「異流の人師」と見なされている。本論義テーマ「西明意釈二障躰」もまた、円測の「煩悩障・所知障の体に関する解釈」について、基の正系である第二祖淄洲大師慧沼（六四八―七一四）がそれを認めているのか否かを問題としている。

とはいえ、『尋思別要』では問いのみ三行ほど記して『論第九巻尋思鈔』に詳細を譲る形をとっており、しかも現在のところ『尋思別要』の巻九は散逸していて逸文も不詳のままなので、どのような論旨を展開していたかの詳細は明らかではない。この点、惜しまれるところである。ただし、『尋思鈔』の文集である『成唯識論本文抄』（以下『本文抄』）の巻九―三九（大正六五・七三一・上）に当該資料の収集がなされており、また良算編述の『成唯識論同学鈔』（以下『同学鈔』）の巻一―七（書誌情報を参照）に同名論題が収録されているため、何が問題にされていた論義テーマであったかについては確認できる。以下、三行の問いと『同学鈔』の内容より、本論義テーマの概要について解説することにしたい。

円測の「二障体」に関する見解については『本文抄』にも記載がないが、『同学鈔』からおおよその概要を知ることができる。それによると、円測は「二障体」について自性体（『唯識論』）と眷属体（『仏地論』）の二面から説明していたというが、これを慧沼は認めていない。なぜならば、『成唯識論』の巻九に煩悩障と所知障の定義を記して、「二執と二障の関係は我執によって煩悩障が起こり、法執によって所知障が起こる」と説かれているからである。すなわち、二執には薩迦耶見（我見）の体に迷う法執と、用に迷う我執との別があり、そのため煩悩障が起これば所知障があり、我執があれば法執があるという寛狭の差があるとするのである。これらの証文に照らして慧沼は、円測の解釈を否定しているわけである。

これを受けて円測の解釈もまた『成唯識論』や『仏地論』の文意に沿って解釈したものであるから、基の解釈と同じになるのではないかとの疑難が提起された。しかし、これについても、仮・実の障に通じる点はあるものの諸論に相違はなく、障体は唯だ煩悩障に限られるのに円測はその区分ができていないと明確に否定していく。次に、基の『成唯識論述記』の解釈にもとづいて、『成唯識論』と『仏地論』の両論に相違があるのではないかという疑点をあげて諸釈を示しているが、『同学鈔』の段階においても完全に決択していたとはいいがたいものがある。はたして『論第九巻尋思鈔』には、どのような論旨が展開していたのであろうか。

そもそも、現存する『尋思別要』には身延山本・龍谷本・大谷本・仏教大本等があるが、いずれも『論第九巻尋思鈔別要』を欠いている。また、『尋思通要』（龍谷本・大谷本・無為信寺本あり）にも残されていない。そして興味深いことには、『尋思鈔』の本文集である『本文抄』においても「論第一巻—四」の「造論縁起段」には収録されておらず、「論第九巻―三九」の「資糧位段」に「問今論意二障体限自性歟将通眷属歟」（大正六五・七三一・上～下）として収録されているのである。なぜに貞慶は「論第一」において「二障体」を語らず、「論第九」において語ろうとしたのであろうか。そう考えた時、おそらく貞慶は資糧位における修道論に関係させて二障を論じ、どのように煩悩を断じ滅していくのか論じようとしたのではないかと推測されるのである。非常に興味深いところではあるが、現時点では現存していないため、推測に止まらざるを得ない。

（後藤　康夫）

第七節　又不知親証（う・ふ・ち・しん・しょう）

【当該丁数】『論第一巻尋思鈔・別』（十六冊の内の第五冊）墨付八丁表～九丁表。

【同名短釈】無為信寺一。

【同　学　鈔】大正六六・六七・中。仏全七六・一二九・下。

【読解研究】楠淳證・後藤康夫編『貞慶撰『唯識論尋思鈔』の研究―「別要」教理篇・上―』（法藏館／二〇二一年）一一四三頁～一一五一頁（担当　後藤康夫）。

【解　　説】

本論義テーマは、生空を得た二乗もまた親しく理を証するか否かを問う問答である。

周知のように、法相宗の根本論典である『成唯識論』は護法の教説を正義として合糅訳された論書である。本書の作成意図（造論縁起）について、「悟断得果・達空悟性・破執顕理」という三つの解釈が示されている。本論義テーマは、その中の一つめの解釈である「正しい解を生じて障りを断じ、二果を得させる悟断得果」の「得果」について、「二乗の聖者は生空を親しく証するのか否か」と問い、兼ねて「生空を得ても理を親しく証することを知らなければ真見道による得果などないのではないか」と難ずるものであったといってよい。

そもそも、大乗唯識では実我・実法を遮して我空（生空・人空・人無我）・法空（法無我）の二空を説くが、二乗は我空のみを説く。そこで、二乗は常一主宰の補特伽羅（我）を認めず、実我・有見の執を遮して空を得るので、二乗もまた我空所顕の真如の理を証することができるのではないかと問うているのである。

これに対して答文では、菩提院蔵俊（一一〇四―一一八〇）の見解を「本云」として引き、「二乗の聖者も実我への増長邪見を廃することができるので生空を了知することはできるが、真如の理体を証することまではできない。なぜならば、真如の理体は法空であり、我空は法空の上の差別にすぎないので、二乗は理を親しく証得することはない。これに対して菩薩は、根本智が生空観をもって生空を証するので、親しく真如を証することができる」という。また、慧沼（六四八―七一四）の『成唯識論了義灯』に出る「雖得生空又不知親証」（大正四三・六七二・下）の文をもって、「たとえ生空を悟ったとしても、それは決して根本智による親証（真解脱）ではないので、後得智において親証を得たことを覚知して倣学していくことなどできはしない」と述べるのである。この慧沼の『了義灯』の文が、本論義テーマのタイトル（論題）となっている。

また、この問答を受けて「後得智である二乗の十六心相見道（倣学の観）では真見道の理を証することはできないのか」と問う。これに対して答文では、「二乗においては真見道の観を語ることができない」と明言し、「二乗はあくまでも観門の次第を起こすばかりである」と論じている。

貞慶自身は「末云」の自義を示しておらず、蔵俊釈をもって答えとしている。すなわち、真如を法空所顕と生空所顕とに区分し、前者を真如の理体、後者をその理体上の差別と捉えて、後者のみよく知ることができる種性が二乗であると論じている。そのため二乗は実我を廃するが、それはあくまでも我執より起こる煩悩障の染覆を離れるのみであるため、必然的に真如を親しく証することはできないと結論づけているのである。

このように『尋思別要』では生空真如を親証できるのか否かを発問として、障断滅の過程での二乗における生空真如理解の仕方に焦点が当てられている。そのため中心は第一問の方であって第二問は補足的問答であったといってよい。これによって、「二乗はあくまでも我空を了知するのみで、法空の理を証することはない」ことが確認された。その意義は、大乗仏教（唯識）の優位性を明らかにすると共に、定姓二乗と菩薩の証果の違いを明瞭にする点にあったといってよく、ここに貞慶が本問答を選択・収録した意義があったのではないかと考えられる。

（後藤　康夫）

第八節　無間解脱同断一障（むけん・げだつ・どう・だん・いっしょう）

【当該丁数】『論第一巻尋思鈔・別』（十六冊の内の第五冊）墨付九丁表〜十一丁表。

【同名短釈】なし。

【同　学　鈔】大正六六・六八・上。仏全七六・一三二・上。

【読解研究】楠淳證・後藤康夫編『貞慶撰『唯識論尋思鈔』の研究―「別要」教理篇・上―』（法藏館／二〇二一年）一一五二頁〜一一六三頁（担当　後藤康夫）。

【解　　説】

本論義テーマの「無間解脱同断一障」は、菩薩の修行階梯の第十地の満心における金剛心位において惑障を断じることができるのか否かを問うものであり、これをもって金剛心位の菩薩を等覚と称するべきか否かも明確にしている。

そもそも、法相教学における断惑論は他宗に比して詳細であり、煩悩を伏・断して仏果を得るまでの修行階梯において、四道（加行道・無間道・解脱道・勝進道）のあり方を分析・説示している。まず、加行道とは煩悩を断じようとして修行を行う段階、無間道とは間隙なく煩悩を断じる段階、解脱道とは真理（涅槃）を証する段階、勝進道とは涅槃を一分得た後にさらに禅定・智慧を磨いて涅槃に勝進する段階のことである。このうち、煩悩を断じて真理を証するのは無間道と解脱道において行なわれるが、本論義テーマでは金剛心位にある菩薩を等覚と名づけてよいか否かを問題とする中で、無間・解脱の二道で同じように断惑がなされると見てよいのか否かが問われている。なぜならば、惑を断じることを第一義とする無間道においても理を証しないことはないし、また真理を証する解脱道においても惑がないことで択滅無為の真理が現れると見られていたからである。ここに本論義テーマの立てられた理由があったといってよい。

これについて、異流とされる円測（六一三―六九六）は、「玄奘三蔵は等覚の菩薩は無間道と解脱道とにおいて同じく一障を断じている点より等覚というと解釈しているから、決して如来の悟りと等しいので等覚というのではない」（大正四三・六七三・中）と述べた。この見解の是非をめぐって、慧沼（六四八―七一四）や智周（六七七―七三三）の解釈をもとに正していこうとする論理展開が示された。もともと、慧沼の『成唯識論了義灯』（以下『了義灯』）と智周の『成唯識論演秘』（以下『演秘』）とでは円測の見解に対する捉え方が異なるため、法相学侶には「無間解脱同断一障」と「等覚」についての見解を整えておく必要があったのである。そこで、『尋思別要』では第十地の満心における金剛心菩薩を等覚と見なすのか否かという点について、『了義灯』には二釈（無間道と解脱道において同じく一障を断ずるという解釈と西明相伝の等覚の解釈）があると答えることから問答を始めている。しかし、もともと『了義灯』ではこれを二釈とは捉えず、「西明相伝の等覚」の義を助解・別釈として付け加えているだけであり、一方の『演秘』はこれを破すべき有義の第三釈と見なしたのである。ところが、日本では『了義灯』の解釈を二釈と捉え直し、初釈「一云無間解脱同断一障」を『演秘』で破し、後釈「一云等覚」を問うこととなった。

これについて『尋思別要』には、蔵俊（本云）の見解と貞慶（末云）の自義とが示されている。それによると、蔵俊は初釈の意を「無間道で正断し解脱道で已断する」と見て、倶に「断」の義があるので「同断一障」と言えるが、仏果の無間道である金剛心においてすでに仏果障を断じ畢っているといい、「すでに断じ畢っている」という観点より仏果においては「断」というのであるとしている。これをもって、金剛心以前にはなお一障があるが、金剛心以後には理を障えるものはないので、「断障」という観点では無間と解脱とは同じであるといい、この点より金剛心位は等覚と称せられるのであると論じている。また、これに『演秘』の解釈も加えて初釈を同断一障の意味とし、金剛心位にある菩薩を等覚と言うとの解釈をも示しているのである。

これに対して貞慶は、「同断一障義」には二門あると捉え、厳密にいえば無間と解脱の断障の義には勝劣があるものの、『了義灯』はこれを「同等」とする観点より「等覚」とすると見たが、『演秘』は金剛心位（仏果の無間道）と仏果（解脱道）の断障に勝劣があるという点を重視して「等覚」とはいえないとしたと分析し、『了義灯』と『演秘』の解釈の違いを指摘したのである。すなわち、『演秘』には金剛位のあり方を指して「習気は未だ尽きていない、雑染も未だ捨してはいない、大円鏡智も未だ生じてはいない、成事智も未だ起きていない、未だ俗を遍く縁じてはいない、真理を知ることも未だ円かではない」といい、すべてを成就した如来のあり方とは根本的に異なることを指摘し、「何を以て等覚と名づけるのか。断障が同じなので等覚というのは理にも文にもないことだ」と批判している。したがって、『演秘』では金剛心位を等覚位であるとは認めていないことが知られるのである。

おそらくは、この『演秘』の解釈を受けたのであろう。貞慶は蔵俊釈を示して自己の見解とは異なる明師の解釈が別にあることを示した後、しかし「同断一障によって等覚の義を論じてはいけない」と述べ、「末学迷惑の義を遮す」ために諸宗の五十二位説等に示される等覚位の存在を否定し、法相宗の四十一位説を護持したのである。ここに『尋思別要』が本論義テーマを立てて収録した、大きな意義があったと考えられる。

（後藤　康夫）

第九節　仏所得法而皆得（ぶつ・しょとく・ほう・に・かい・とく）

【当該丁数】『論第一巻尋思鈔・別』（十六冊の内の第五冊）墨付十一丁表〜十二丁裏。

【同名短釈】興福寺二・無為信寺二・薬師寺七。

【同　学　鈔】大正六六・六八・中。仏全七六・一三〇・上。

【読解研究】楠淳證・後藤康夫編『貞慶撰『唯識論尋思鈔』の研究―「別要」教理篇・上―』（法藏館／二〇二二年）一一六四頁〜一一七四頁（担当　楠淳證・魏藝）。

【解　説】

本論義テーマ「仏所得法而皆得」は、等覚の菩薩がなぜ仏と等しい功徳を得るのかを論じるものである。『成唯識論同学鈔』では、「仏所得法」の論題で収録されている。

周知のように、法相宗では仏と成る階位（因と果）に十住・十行・十回向・十地・妙覚の四十一位を立て、通仏教で立てる等覚位は原則として認めていない。しかし、第十地の満位において最後の微細の煩悩（仏果障）を断じる金剛心位（金剛喩定）をもって、通仏教でいうところの等覚位と見なす見解もまた示されてきた。貞慶が本論義テーマを重要視したのは、「因としての仏道論」のあり方を整理する必要があったからであろうと考えられる。

そこで『尋思別要』ではまず、本論義テーマが立てられる契機となった智周（六七七—七三三）の『成唯識論演秘』（以下『演秘』）に出る「仏所得の法を得た菩薩を等という」の文をあげて、論を進めていく。すなわち、智周は「等覚の菩薩もまた仏所得の法を得ている」と説いているが、「仏所得の法は本来的に仏果において得られるものであり、等覚の大士といわれる菩薩はまだこれを得ていない」ことがまず示される。具体的には、「四智の中の大円鏡智と成所作智（成事智）、五眼の中の仏眼、六通の中の漏尽通を未だ得ていない」という。その上で、ではなぜ『演秘』の文において「仏所得の法を菩薩も皆な得る」と述べられたのかを本論義テーマでは問うているのである。

これに対して答文では、貞慶の祖父師にあたる蔵俊（一一〇四—一一八〇）の『菩提院鈔』の文を「本云」として引き、「一分を得たことをもって論じたものである」と会通している。すなわち、等覚の大士は五眼六通を「正得」はしてはいないが、すでに五眼の中の四眼、六通の中の五通を得ており、将来的に得ることは確実である点より「将得」すると判じて、智周の文を会通したのである。また、仏所得の智慧である大円鏡智と成所作智については、「円鏡・成事の二智にも修の義がある」として「教えを聞いて円鏡・成事のあり方を領解した意識によって修がなされる」と論じ、実修論を展開した。その上で、同時に問題化された「漏尽通」や「仏眼」についても、「正得は仏果であるが因位の修行がなければ正得もありえない」といい、「仏所得の法を皆な得る」と智周が述べたのは「将得」の観点より論じられたものであるとしたのである。

そもそも、『尋思別要』において「仏所得の法」がテーマとして取り上げられたのは、「因としての仏道」を希求する貞慶にとって、「等覚位＝金剛心位」が一つの課題だったからである。なぜならば、法相宗では五姓各別を説いて尽衆生界願を立てる菩薩の不成仏が論じられ、観音を初めとする闡提菩薩は金剛心位に止まると論じられていたからである。この闡提菩薩のあり方を『尋思別要』はすでに「大悲闡提事」において会通し、「大智門では成仏、大悲門では不成仏」と判じたが、さらに本論義テーマをもって貞慶は大智門における金剛心位のあり方を検証し、仏果の功徳を分得（将得）すると共に実修している大智門の菩薩のあり方を明らかにしたといってよい。この点に、本論義テーマが『尋思別要』に収録された大きな意義があったと考えられる。

（楠　淳證）

第十節　一意識計（いち・いしき・けい）

【当該丁数】『論第一巻尋思鈔・別』（十六冊の内の第五冊）墨付十三丁表〜十七丁表。

【同名短釈】南都論草二一・無為信寺二。

【同　学　鈔】大正六六・六八・下。仏全七六・一三二・中。

【読解研究】楠淳證・後藤康夫編『貞慶撰『唯識論尋思鈔』の研究―「別要」教理篇・上―』（法藏館／二〇二一年）一一七五頁〜一一九七頁（担当　楠淳證・魏藝）。

【解　　説】

本論義テーマ「一意識計」は、「八識体一」と「六識体一」のいずれが正しいかを論ずる問答である。法相宗では周知のように、八識正義説に立つ。ところが、『成唯識論』の冒頭には「唯識迷謬の相」を示す中で、「諸識について用は別で体は同じ」という説のあったことが挙げられている。すなわち、「唯識」に迷うと六識体一等という誤謬の相（＝一意識計）が生じるとしているのである。

これについて、道證（?―六九二―?）は「六識体一・七識体一・八識体一」の三説を示し、特に六識体一説を『成唯識論』に説かれる「唯識迷謬の相」としたと『成唯識論同学鈔』（以下『同学鈔』）には示されている。これに対して、法相宗の祖師と位置づけられる慈恩大師基（六三二―六八二）・淄洲大師慧沼（六四八―七一四）は、「八識体一説」を立てた。彼らが誤謬の対象においても八識説を用いて「八識体一」としたのは、あくまでも八識正義を護持するためであったと見てよい。かくして、法相宗では「一意識計」の論題を設けて、「六識体一・七識体一・八識体一」の三説についての検証を行ない、八識体一説を正当と論じていくのである。この点では『尋思別要』もまた同様であり、慈恩大師基・淄洲大師慧沼の学説を継承し、八識正義説を擁護する観点より「八識体一」の立場を鮮明に示している。

そもそも、識数について諸説ある中、インドにおいて「一意識と計る菩薩」のいたことが本論義テーマの発端となっている。すなわち、「一意識計」とは第六意識を識の本体と見なし、前五識を摂して同体とするもので、要するに「六識体一」の誤謬をいう。また、世親（四〇〇―四八〇年頃）の『摂大乗論釈』に、「意識を離れて別に余識有るに非ず。唯だ別に阿頼耶識有るを除く」と記されていたため、誤って「七識体一」の誤謬も生じた。これは前六識を第七末那識に摂して同体とするものである。これらはいずれも「一意識と計する誤謬の見解」であったといってよい。このような誤謬に対して八識正義を示すため、法相宗では本論義テーマが立てられることになった。

この時、法相宗の学僧たちが根拠としたのは、慈恩大師基の『成唯識論述記』と淄洲大師慧沼の『成唯識論了義灯』であったことが『同学鈔』によって知られるが、これはまた『尋思別要』の論証根拠でもあった。すなわち、

『尋思別要』は慈恩・淄洲の二師の説を受けて、八識正義説の観点より唯識に迷誤する者の中に識類を誤って一意識と計する者のあることを徹底して批判し、八識正義説を護持しようとしたのであった。したがって、本論義テーマは法相教義の「八識正義」を墨守しようとして、立てられものであったと見ることができるのである。

（楠　淳證）

第十一節　有境無心（う・きょう・む・しん）

【当該丁数】『論第一巻尋思鈔・別』（十六冊の内の第五冊）墨付十七丁裏～十九丁表。

【同名短釈】なし。

【同 学 鈔】大正六六・七一・上。仏全七六・一三五・上。

【読解研究】楠淳證・後藤康夫編『貞慶撰『唯識論尋思鈔』の研究―「別要」教理篇・上―』（法藏館／二〇二一年）一一九八頁～一二〇八頁（担当 後藤康夫・高次喜勝）。

【解　説】

本論義テーマは、護法（五三〇―五六一）と清弁（四九〇―五八〇年頃）との間でなされたという空有の諍論に関して、清弁の説いた「有境無心」の義を問う問答である。この点について、良算編述の『成唯識論同学鈔』には「護法は唯識無境の義を存し、清弁は有境無心の義を論じた」と記されている。

そもそも、『成唯識論』巻一には造論の意図が明らかにされているが、それによると護法の義とされる「唯識の理」に迷謬する者に対して「唯識の真実」を説くため、『成唯識論』が作成されたという。その際、これに関連して「心を離れて別の心所無しと執す」る清弁や順世外道が「諸の心の所現はすなわち唯だ境のみである」とする「有境無心」を説いていたことが問題とされた。『尋思別要』では清弁が本当に「有境無心」を説いたのか否か、もし説いたのであれば教証は存在するのか否か等について論じている。

これについて『尋思別要』は、清弁は「心」に世俗門と勝義門を建立し、世俗門に「心境倶有」を、勝義門にして「相見倶無」を立てているので、はたして清弁は本当に有境無心を立てたのか否かとまず難じている。この難に対して『尋思別要』は菩提院蔵俊（一一〇四—一一八〇）の見解を「本云」として示し、「清弁が世俗門で立てている心境倶有は、心の集起の義が強ければ唯識と説かれ、境によって心が生じる義によれば唯境と説かれる。したがって、心と境をもって唯境としているのである」と答えている。さらに、三論宗所説の十二因縁を境地心性とし、これが転じて観智仏性（能観の智が仏性を観ず）を生じる点より、境によって心を生じることが唯境説であるともいい、清弁の意図するところは順世外道と同じ唯境説（唯境宗）にあったと論じた。興味深い点は脚注に、仲継（?—八二〇—?）がこのことを指摘しても三論宗の人師から反論がなかったので、この見解を明詮（七八八—七九七）も真興（九三一—一〇〇四）も継承したと論じられている点であろうか。ところが、この見解は同じく『尋思別要』の第六冊に収録されている論義テーマ「清弁有境無心」になると、三論宗側から「法相宗の妄語である」との反論がなされたとも記されており、重ねて興味深いものがある。

次に、教証に関する問答がなされているが、これについて『尋思別要』は「清弁は真性をもって空理を論じた。したがって、清弁は自ら唯境の義を立てたわけではなく、その教証となる文もない」と指摘した後、「忠最が真性を有為空であると言っているので空理を唯境の証文としているのであろうか」といい、もしそうであるならば慧沼（六四八—七一四）の『大乗法苑義林章補闕章』に「清弁は世俗門に唯境義を立てる」と述べていることと齟齬が生じることになると指摘する。これに対して答文では、「清弁は世俗門を出て勝義門において一切皆空と説くが、表現そのものは世俗門での話となるため世俗門で唯境を立てているまでである」と答え、慧沼の見解に齟齬はないと論じている。

そして、最後に貞慶の自義である末説（末云）を示し、「忠最は清弁が唯境義を立てたといっているが、その意とするところは唯境の義が真空を意味するという点にある」という。すなわち、「清弁は護法の義を斥けるために空の義をもって有の義を破し、唯境の義をもって唯識の義を破した。したがって、清弁のいう唯境は真空のことであり、空である以上は分別がないので心の名をたてないのである」と論じた。その上で、「この清弁の見解は、実は護法の説く法相生起の次第と同じである」との会通を示した点に、貞慶の独特の見解が存する。なぜならば、「清弁と護法による空有の諍論」と伝えられてきた対立概念を否定し、清弁と護法は「同じ真実」を別の表現で説いたにすぎないとしているからである。では、なぜに貞慶はこのような会通を試みたのか。一つ考えられることは、護法も清弁も同じ大乗仏教者であり、護法は実境に迷う者に対して「唯識無境」と説き、一方の清弁は唯識実有の執を遮すために「有境無心」と説いたにすぎず、そのあり方に迷謬して対立する後世の学侶の偏執を取り除きたかったのではないかと考えられる。

ところが、さらに興味深いことに貞慶は末尾に「末案は別に之れを記す」と記載して、清弁への批判が見られるのである。すなわち、「別に記すとされた末案」とは前にも一言した『尋思別要』第六冊収録の論義テーマ「清弁有境無心」であるが、そこでは清弁の説く見解を護法の説く「法相生起の次第」であると会通した上で、体用や識転変を説かない清弁の空義は唯識仏教に遠く及ばないことも主張しているのである。したがって、清弁の唯境説（空義）に執われて「唯識の真実」を否定するあり方については、批判的であったと見ることができる。いずれにせよ、さらなる「末案」を記すという異色の展開が示された点に、本論義テーマの今一つの特色があったといってよいであろう。

（後藤　康夫）

第三章　総標段・賢聖段（上巻・一二〇九～一三二〇頁）

第一節　由仮説我法（ゆ・け・せつ・がほう）

【当該丁数】『論第一巻尋思鈔・別』（十六冊の内の第五冊）墨付十九丁表～二十丁裏。

【同名短釈】東大寺一・無為信寺四・薬師寺二。

【同　学　鈔】大正六六・七二・上。仏全七六・一三七・上。

【読解研究】楠淳證・後藤康夫編『貞慶撰『唯識論尋思鈔』の研究―「別要」教理篇・上―』（法藏館／二〇二一年）一二一〇頁～一二一八頁（担当 後藤康夫・高次喜勝）。


【解　説】

本論義テーマは、『成唯識論』に説かれる「由仮説我法」の「仮」について、法相宗の大祖と位置づけられる慈恩大師基（六三二―六八二）の『成唯識論述記』（以下『述記』）に示される四種の「仮」をめぐって、その本意を論ずる問答である。

周知のように、法相教学では、森羅万象は心の外（外界）に実在するものではなく唯だ識の顕現であると説いているる。その上で我々自身を規定する主体（Ātman）や存在要素（dharma）は「仮我仮法」と措定している。つまり、世間等にはあたかも我（Ātman）が実在しているように見えるが、それを「仮」と捉えることで、真実のあり方を示しているのである。このことを主題として『成唯識論』では「由仮説我法」と説き、「仮」の解釈について詳細に論じてきた。基の『述記』によれば、世間と聖教に説かれる「仮我」の「仮」には、言説（言葉）と義用（はたらき）の観点から初義とされる「無体随情仮」と「有体施設仮」、後義とされる「以無依有仮」と「以義依体仮」の四種の区別があるという。いわゆる、「無体随情仮」とは世間で説くところの我法のことで、実体がないにもかかわらず迷いの心にしたがって仮に言葉をもって説いたものをいう。次に、「有体施設仮」とは聖教に説くところの我法のことで、仏菩薩が衆生を導くために因縁和合の依他の法（縁起の法）の上に仮りに我法の名を施設したあり方をいう。要するに、この二種の仮は世間と聖教のいずれにおいても、実の我法はなく、ただ名言のみであることを示しているといってよい。次なる「以無依有仮」とは、世間に説くところの無体の我法を有体の迷いの心に依せて仮に我法と説いたあり方をいう。最後の「以義依体仮」とは、聖教に説くところの我法のことで、仏菩薩が衆生を導くために依他の法の上に見られる我法に似た義用（はたらき）を法体に依せて仮に我法と説いたあり方をいう。要するに、この二種の仮は、世間や聖教に説かれる我法は決して実体のあるものではなく、世間においては迷いの心にしたがって我法と説き、聖教においては義用を法体によせて我法と説いたとしているのである。この四種の仮によって、実我実法の執を否定し『成唯識論』に説かれる「由仮説我法」の義を解釈しようとしたのが、基の『述記』であったといってよい。そこで、本論義テーマでは、基が示したこのような「仮」の解釈について、その意義をあらためて問うたのである。

これについて『尋思別要』は、『述記』に示される初義と後義の計四種の仮について、初義の「無体随情仮」と後義の「以無依有仮」にはどのような違いがあるのか、また初義の「有体施設仮」と後義の「以義依体仮」の違いは何なのかを問い、これをもって世間と聖教とに説かれる「仮」の意味を鮮明にしようとした。その際、『尋思別要』は菩提院蔵俊（一一〇四―一一八〇）の見解を「本云」として引いて答えとした。そして、「末云」の貞慶自義においては、「真興（九三二―一〇〇四）の『唯識義私記』に慈恩大師の『述記』や淄洲大師慧沼（六四八―七一四）の『成唯識論了義灯』の見解が示されているので、それを必ず見るべきである」と記し、明確な自義（末説）は示さなかった。この点に本論義テーマの一つの特色があるといってよい。

では、蔵俊の解釈（本云）においては、どのようなことが論じられていたのであろうか。これについて蔵俊は、初義の二種の仮はいずれも我法の名言をもって仮りに「仮」と説いたものであり、後義の二種の仮は名言ではなく妄情（世間）と法体（聖教）にもとづいて仮に我法と説いたものであるという相違を示した。いずれも名言をもって施設されてはいるが、初義の二つの仮は現し示された名言にポイントが置かれ、後義の二つの仮は内容（妄情と法体）にポイントが置かれていたといってよい。

このように『尋思別要』では、蔵俊説にもとづき「仮」のありようを整理したのであるが、あくまでもそれは「世間と聖教に我法と説かれはするが実の我法はない」とする『成唯識論』の真意を受けた解釈に他ならなかった。その背景には、「由仮説我法」をもって実我実法の執を否定しようとする『成唯識論』の本意を受けた、法相教学の根幹的立場があったといってよいであろう。

（後藤　康夫）

第二節　第九識体（だい・くしき・たい）

【当該丁数】『論第一巻尋思鈔・別』（十六冊の内の第五冊）墨付二十丁裏～二十二丁裏。

【同名短釈】興福寺一・南都論草十一・無為信寺二。
【同 学 鈔】大正六六・七四・中。仏全七六・一四一・下。
【読解研究】楠淳證・後藤康夫編『貞慶撰『唯識論尋思鈔』の研究―「別要」教理篇・上―』（法藏館／二〇二二年）一二一九頁～一二三二頁（担当 後藤康夫・高次喜勝）。

【解 説】

本論義テーマは、法相宗の所依の経典の一つである『入楞伽経』に「八九種種識、水中の諸波の如し」（大正一六・五六五・中）とあって第九識を肯定するかのような文言がある点より展開したもので、法相宗の「八識正義説」を護持していく点に、本論義テーマの意義があったといってよい。

周知のように、法相宗では「こころ」を眼識・耳識・鼻識・舌識・身識・意識・末那識・阿頼耶識の八種に分類し、八識説を正義説として示している。ところが、『入楞伽経』に九識を許すかのような文言が見られたため、これを会通する必要性が生じた。これに対して法相宗の大祖と位置づけられる慈恩大師基（六三二―六八二）は、その主著の一つである『成唯識論述記』（以下『述記』）において、「兼説識性」（初釈）と「第八識染浄別開」（後釈）の二つの会通解釈を示したのである。しかし、初釈については「真如は常住なので生滅を離れている。それにも関わらず識性である真如を第九識とすることができるのか」等の疑難が生じた。また、後釈についても「無漏種子より生じる浄位の識体（第八識）は有為邪念等によって現行することがあるのか」等の疑難が示された。これに対して貞慶の自義（末云）では、漢訳上、大乗諸教はみな八識を立てているとした上で、初釈は『大乗同性経』や『無相論』等に「真如識」とあることを根拠として識性である真如を第九識としたもの、後釈は『大乗荘厳経論』に「大円鏡智と相応する」とあることを根拠として仏果の第八識（浄位の第八識）を第九識としたものであるとの解釈を示したのである。その上で貞慶は、後釈の「浄位の第八識説」こそが基の真意であったと判じた。なお、貞慶は後釈を採った根拠としてまた、真興（九三二―一〇〇四）の『唯識義私記』の解釈を示しており、本論義テーマは貞慶にとって真興教学の影響が大きかった事例の一つであったことが知られる。これによって貞慶は、摂論学派や地論学派の立てる九識説とは異なる、法相宗の伝統的な「八識正義説」を護持したのである。ここに本論義テーマの持つ大きな意義があったといってよいであろう。

なお、これ以降の『尋思別要』「第九識体」の問答では真諦（四九九―五六九）にまつわる教学上の関連問答を扱っている。すなわち、憬興（生没年不詳／七世紀頃）や義濱（生没年不詳）が「基は真諦が九識説を立てたといっているがこれは誤りである」と述べたことをどう会通するのか、また真諦の立てた真如識が第八の阿梨耶識を指すのか、さらには第八識と第九識を共に真如識としたのかという矛盾点を問うものであった。これについて『尋思別要』ではまず、玄奘三蔵（六〇二―六六四）が経典を翻訳する以前は第八識を真如識と思い誤る者が多かったが、基によってそれが明確に否定されたこと、および円測の『唯識論疏』にも真諦の誤謬性が確認できることを指摘し、第一の疑難の答えとしている。また、九識説を立てる者たちは、真理において随縁門と不変門の二門分別をなし、随縁門は第八識、不変門は第九識と言うように問題を回避している点を指摘して、第二の疑難への答えとした。これらの見解の背景にはやはり、中国の摂論学派・地論学派の八識説・九識説の情報が知られていた可能性が惹起される。この傍論的二問答は『同学鈔』には見られないものであり、『尋思別要』での「第九識体」に関連する附加的議論であったと見てよいであろう。

なお、「第九識体」の冒頭には「安恵論師意可許因位无漏心有執耶」と問いだけ提示し、第八巻を参照する旨の一文が記されている点、付記しておきたい。

（後藤　康夫）

第三節　軌在有法（き・ざい・うほう）

【当該丁数】『論第一巻尋思鈔・別』（十六冊の内の第五冊）墨付二十三丁表〜二十四丁表。
【同名短釈】興福寺二。
【同　学　鈔】大正六六・七四・下。仏全七六・一四二・上。
【読解研究】楠淳證・後藤康夫編『貞慶撰『唯識論尋思鈔』の研究―「別要」教理篇・上―』（法藏館／二〇二一年）一二三三頁〜一二四二頁（担当　後藤康夫・高次喜勝）。

【解　説】

本論義テーマは、「法」（dharma）が因縁生起の実体ある有体法（依他起性）に限るのか否かを論じる問答である。「法」については、仏教・非仏教にわたり多種多様な概念があるが、唯だ識のみ存すると説く『成唯識論』には、世間等に我法の存在を説いて「法とは謂わく軌持なり」（大正三一・一・上）と簡潔に定義されている。これについて法相宗の大祖と位置づけられる慈恩大師基（六三二―六八二）の『成唯識論述記』（以下『述記』）によれば、「軌とは謂わく軌範なり。物の解を生ず可し。持とは謂わく住持なり。自相を捨てざるなり」（大正四三・二三九・下）とあり、各々の存在が独自固有の本性を保ちながら、衆生に一定の理解を生じさせる根拠になることが示されている。そこで、「任持自相軌生物解」とも説かれる。これを受けて『尋思別要』では、「軌生物解」の「軌」が、因縁生起の有体法に限られるのか否かが問われているのである。

この問いに対して答文では、法相宗の第三祖に位置づけられる撲揚大師智周（六七七―七三三）の『成唯識論演秘』に出る「執は有体法（有漏）に限るが持は無漏に通ず」（大正四三・八一九・下）や、基の『述記』に出る「前（執のこと）は唯だ有体なるのみ」（大正四三・二三九・下）や、第二祖と位置づけられる淄洲大師慧沼（六四八―七一四）の『成唯識論了義灯』に出る「随増する有体の法を執という」等を証文としてあげ、「執とは物の解を生ずる意味なので有体法に限る。無体法には持の義はあるが執の義はない」と述べたのである。また、「縁用は必ず実体のある法（有体）に依る」というのが護法の定判であるという「執持」に関する新たな見解をも示し、次にはこれについて述べた菩提院蔵俊（一一〇四―一一八〇）の見解を「本云」として引き、さらに論証を進めていく。

それによると、蔵俊は「心（識体）は所縁（認識対象）によって生じるので、この縁の用（はたらき）は必ず有体の法によって起こる」という。その上で「見分の行解を起こす場合は所縁縁の用も無体の法に通じるが、所縁の相分が物の解を生じる縁用そのものはあくまでも有体法のみに限る」と論じたのである。要するに、阿頼耶識が変現した認識対象（本質相分）によって認識する心（識体）が生ずる点からすれば、認識対象は必ず実体ある因縁生起の有体の法でなければならない。そこで「執は有体の法に限る」と述べられるのである。一方、無体の法にも自相を任持する「持」の義があるという。すなわち、心に写し取った影像相分を見照する見分の行解のはたらきは、本質のない無体の法をも認識するからである。このように、蔵俊は法相教学における四分説を加味して「執は有体の法に限る」と論じていたことが知られる。

興味深い点は、最後に貞慶が示した「末云」の自義である。それによると、認識対象である相分（所縁）が心（識体）を生じる場合、識体のみが心ではなく、識体のはたらきである見分もまた所縁（因縁生起の相分＝依他起性）によって生じる心であり、したがって依他起の有体法が遠くは亀毛や実我等の無体の法（遍計所執性）をも生じることになると論じている点である。これを見ると貞慶には、蔵俊の説を尊重しながらも一分修正し、「執」と「持」

の意義を明確にして、法相教学の正意を明らかにしようとした意図があったものと考えられるのである。

（後藤　康夫）

第四節　二向不定（にこう・ふじょう）

【当該丁数】『論第一巻尋思鈔・別』（十六冊の内の第五冊）墨付二十四丁表〜二十五丁表。

【同名短釈】薬師寺一。

【同　学　鈔】大正六六・七七・上。日仏七六・一四六・上。

【読解研究】楠淳證・後藤康夫編『貞慶撰『唯識論尋思鈔』の研究―「別要」教理篇・上―』（法藏館／二〇二二年）一二四三頁〜一二五一頁（担当　楠淳證・魏藝）。

【解　説】

本論義テーマは、小乗の階位である預流向・一来向について、「聖者位に入るか否かを明確に確定できない二向とは如何なるものか」について問う問答である。

周知のように、法相宗の根本論典は『成唯識論』であるが、その巻一の「由仮説我法」の註釈において、「世間我」と「聖教我」の二つが説かれる中、「聖教我」の種々の相に預流向・一来向の二向を含む小乗の「二十七賢聖」が論じられていた。いうまでもなく、唯識仏教は定姓菩薩（頓悟）と不定姓菩薩（漸悟）のために説かれた教えではあったが、廻心する不定姓の菩薩があったため、広くは三乗の者に普ねく説かれた教えであったといってよい。そのため、法相宗では二乗の行者（賢聖）のあり方についても論じる必要性が生じた。本論義テーマもまた、それにともなって立てられたものであり、法相宗の大祖と位置づけられる慈恩大師基（六三二―六八二）が『成唯識論述記』（以下『述記』）の中で「預流・一来～二向不定なり」との解釈を示したことに対して、聖者位に入るか否かを明確に確定できない二向とは何なのかが問われることになったのである。

基の『述記』の記述を受けて中国では、智周（六七七―七三三）の『成唯識論演秘』（以下『演秘』）、道邑の『成唯識論義蘊』、霊泰の『成唯識論疏抄』、如理の『成唯識論義演』などに見解が示され、日本でも仲算（九三五―九七六）の『賢聖義略問答』（基の一巻本『二十七賢聖章』の注釈）や蔵俊（一一〇四―一一八〇）の『菩提院鈔』などで論じられた。そして、良算編述の『成唯識論同学鈔』（以下『同学鈔』）に至って「二向不定」の論題が確定されることになったのである。

その『同学鈔』の編者である良算（？―一一九四―一二一七―？）の師が貞慶であり、『尋思別要』では『述記』の文を法相宗の第三祖と位置づけられる撲揚大師智周がどのように解釈したかを問う中で論を進めている。それによると、智周は『演秘』において「二向」を解釈するにあたり、第二の向である一来向を指すという初釈と、預流向・一来向の二つを共にさすという第二釈とを示し、その上で「第二向のみを指す」とする初釈を正義と判じたとの解釈を示していく。これは、第一の預流向においては見惑を断滅することが明確なので、「不定」ではないと判じたためである。

では、「不定」のあり方は何に基づくものなのかといえば、蔵俊は「第二果の中の次第と超越とが二向不定の意味である」とし、これを受けて貞慶（末説）もまた「『演秘』には不定は第二の一来向のみであり、それは超越証と次第証の相違によるものであると明記されているではないか」と論ずるのである。いわゆる、次第証とは声聞が初果より順次に四果を得るあり方をいい、超越証とは前果を越えて後果を証するあり方をいう。ここに「不定」のの義が明確にされるに至った。これをもって、『尋思別要』は第二向を指して「二向不定」というと判じたが、この点では『同学鈔』も同様であった。

このように細緻な議論が小乗の賢聖義にまで及んだのは、行位を明らかにしようとする『尋思別要』の意図によるものであったと考えられるのである。

（魏　藝）

第五節　随信随法（ずいしん・ずいほう）

【当該丁数】『論第一巻尋思鈔・別』（十六冊の内の第五冊）墨付二十五丁表〜三十九丁裏。

【同名短釈】興福寺六。

【同　学　鈔】大正六六・七七・下。仏全七六・一四二・上。

【読解研究】楠淳證・後藤康夫編『貞慶撰『唯識論尋思鈔』の研究―「別要」教理篇・上―』（法藏館／二〇二一年）一二五二頁〜一三二〇頁（担当　後藤康夫）。

【解　　説】

本論義テーマは、小乗で説かれる二十七賢聖の中の「随信・随法」が、如何なる位において立てられるものか否かを問う問答であり、同時に後に述べる余他八種の問答を含んでいる点にも一つの特色を有している。では、なぜ小乗の行位が問題にされたのかといえば、唯識の教えが不定姓の二乗を導く面を有していたからであると考えられる。

そもそも、法相教学では「唯識無境」と説き、実我・実法を否定してきた。あくまでも、我々は仮有（仮我）の存在であり、実有の存在（仮我）ではない。そこで、『成唯識論』には「我」についての分析がなされ、「このような仮我の存在には我われ有情はもとより預流・一来等の種々の相がある」（大正三一・一・上）として、預流果や一来果等の「聖教我」の存在が示された。それが「二十七賢聖」である。この小乗の聖者の分類について、法相宗の大祖と位置づけられる慈恩大師基（六三二―六八二）の『大乗法苑義林章』（大正四五・三三二・上～中）には、行位をまず有学位と無学位とに分け、有学位には七種の四向三果・信解・見至・身証・極七返・家家・一間・中般・生般・無行般・有行般・上流般、無学位には阿羅漢（不退）・慧解脱・倶解脱・退・思・護・住・堪達・不動の計二十七位を示しているが、随信・随法について直接の記載は見られない。これに対して、法相宗の第二祖と位置づけられる淄洲大師慧沼（六四八―七一四）の『成唯識論了義灯』（大正四三・六七五・下／以下『了義灯』）には、方便差別である四善根（順決択分）と十五心に随信行・随法行の二つを挙げ、果差別には信解（鈍根）・見至（利根）・身証・慧解脱・倶解脱・四向四果・七返・家家・一種子・中般・生般・有行般・無行般上流般・退法・思法・護法・住不動・必勝進（堪達）・不動の計二十七賢聖の別が記されている。これらの祖師の分類にもとづき、良算編述の『成唯識論同学鈔』等の論義抄では各聖者位を単独に取り上げて複数の論題が設けられた。ちなみに『尋思別要』では、「随信・随法」のみならず、「信解・見至」「一返受生」「一種子受生」「一間」「中般涅槃・生般涅槃」「五那含生般涅槃聖者」「不動羅漢」の八論題が兼ねて取り上げられている。これらの論題には相互間の明確な連関は見られないものの、個々の論題における論点整理の意味合いが見られ、解釈の一つの方向性を指し示すものとして作成されたではなかったかと考えられる。

そこで、まず表題の「随信・随法」であるが、随信行者とは仏の教法を他者から聞いて信じて随い修行する者をいい、随法行者とは他者によらず自ら正しい教法に随い修行する者をいう。この二つがどの修行階梯時の行者なのかを確認する問答展開となっており、『尋思別要』では『了義灯』の見解をただ墨守するのではなく、諸論を検証・会通した上で「随信・随法の二行は見道十五心と順決択分の双方に通じる」という見解を示したといってよい。なお、第十六心が小乗では修道にあたる。この第十六心における随信・随行を論ずるのが次の二十七賢聖の中の「信解」と「見至」であった。

いわゆる、「信解」とは随信行者が第十六心において預流果・一来果・不還果に住する時に穢れなき信力を生じたあり方をいい、また「見至」とは随法行者が第十六心において同果に住する時に真理を見る智慧が強まり正見が顕れ出たあり方をいう。これについて、『尋思別要』は菩提院蔵俊（一一〇四—一一八〇）の見解を「本云」として引き、信解と見至は単なる果を得て後の「勝劣の名」にすぎないと論ずるとともに、信解・見至は無学位に通じるものであるとの見方をとっている。

また、欲界の修惑をすべて断ずることなく見道に入った第十六心修道位に住する預流の者は人天の間を七度も往返するという「極七返」（二十七賢聖の中の一つ）に関しては、その中に一返受生の類があるのか否かを問い、蔵俊の説（本云）を答えとして「一極少の類」のあることを示している。

また、不還向において欲界修惑の内の七品・八品を断じたものの第九品を断じていないために欲界の人・天に再生する「一間」（＝一種子／二十七賢聖の中の一つ）について、それが大生（一生）なのか小生（半生）なのかを問い、蔵俊の「半生説」、或る人の「一生説」、或る先徳の「一生半生説」等の諸釈を示している。これについて、貞慶の自義である「末云」には、基の解釈が否定し難いこと、および仲算（九三四—九七六）の解釈には依拠しないこと等が記載されているが、その詳細については述べられていない。

次いで、「一間」についてさらに論を進め、前八品を断じた一間聖者が第九品を断じていないばかりに欲界の人・天に再生する大生を受けてしまうことになるのか否かを問うている。ここでも蔵俊の説を「本云」として引き、前八品の惑を断じたとしても第九品の惑の力が強いので半生を潤し、人・天に生まれてしまうことになると答えている。

次いで、二十七賢聖の中の「中般」と「生般」については、中有の身を受けることが現惑力によるものなのか否か、および、どの段階で般涅槃するのかを問題としている。現惑力の有無については『尋思別要』の「五位無心段」に譲っているが、般涅槃の段階については色界に生じ已る段階を本有の初と捉え、本有に入るためには生有を必要とするとの見解を示している。

次いで、二十七賢聖の中の五那含（不還）聖者の生般涅槃については、無色界へ生ずるか否か、および般涅槃は有余か無余かを問題としている。前者については蔵俊説を「本云」として引いて色界説を取り、後者については無余説を採るものの、無余には二類の解釈（相得と実得）があるため、仲算の『賢聖義私記』（該当箇所散逸）を参照せよと促している。ここでは、色界において般涅槃する者たちを無余涅槃者と捉えていたことが知られる。

次いで、二十七賢聖の中の「不動羅漢」においては、練根を修すべき者か否かを問うている。これについても蔵俊説を「本云」として引き、蔵俊による練根・不練根についての解釈を示した後、貞慶は「末云」の自義において、不練根について①前四類（退法・思法・護法・住不動）は不練根だが第五類（勘達）は勝進する。②前三類は性不定のため転根するが、第四類は非退非進の住不動、第五類は勝進するという二種の解釈を示し、①は粗相の義、②は各々の所得を示す解釈であるとの見解を示している。これを見ると、蔵俊の見解を一歩進めて不練根解釈を示すことで、非進非退の住不動がこれに該当することを明示したといってよい。最後に『了義灯』の二十七賢聖の本文に対する解釈で締めくくっている。

以上のように、「随信・随法」の名を出すものの、詳細にいえば「随信・随法」「信解・見至」「一返受生」「一種子受生」「一間」「中般涅槃・生般涅槃」「五那含生般涅槃聖者」「不動羅漢」の九つの論題が兼ねて論じられているのであり、各論題において蔵俊釈を基調としている点に本論義テーマの論理展開上の特色があったといってよい。また、この九つの賢聖のみを取捨選択して取り上げた点にも、貞慶の意図が示されていると見てよいであろう。廻心の二乗（不定姓菩薩）のあり方を考えた時、小乗の階位をどう解釈すべきかという問題が当然のことながら発生し、その当該問題の解明に貞慶および門弟たちの関心が向けられていたことが、本論義テーマによって確認できるのである。

（後藤　康夫）

第四章　教体段（上巻・一三三一～一四六九頁）

第一節　無性教体（むしょう・きょうたい）

【当該丁数】『論第一巻尋思鈔・別』（十六冊の内の第六冊）墨付二丁裏～八丁裏。

【同名短釈】なし。

【同　学　鈔】大正六六・四六・上。仏全七六・八四・上。

【読解研究】楠淳證・後藤康夫編『貞慶撰『唯識論尋思鈔』の研究―「別要」教理篇・上―』（法藏館／二〇二二年）一三三二頁～一三五一頁（担当　蜷川祥美）。

【解　　説】

本論義テーマ「無性教体」は、無性（?―五〇〇―?）の教体論に関する問答である。法相宗では教体について、その諸法の存在（本性・本体）を軌範にして性用別論体・摂仮随実体・摂境従識体・摂相帰性体の四重出体をもって説いている。ここでは、無性が教体をどのように捉えているのかを明らかにしている。

『尋思別要』によれば、「無性は仏陀釈尊の説法を教体とはしない」と明言する。この見解は、無性造『摂大乗論釈』に「仏陀の説法を聞く者の識に直接、もしくは間接的にあらわれた仏陀の説法を教体とする」とある点にもとづくものであり、無性は仏陀の悟りの心そのものを教体とはしていないと論じている。すなわち、聞く者の心にあらわれた教えがやがて悟りを生じさせるので、能聞者の心に現れた教えのみを教体とするのである。そこで以下、仏陀の悟りの心をなぜ教体としないのかについて、無性の教体論を手がかりに論ずる問答が展開することになる。

無性の教体論の典拠としては、親光菩薩（生没年不詳）等造『仏地経論』や無著（三九五―四七〇頃）撰『摂大乗論』があげられ、無性は能聞者の所変に限って教体としていることが説かれていく。そして、『尋思別要』では、無性の教体論は法相宗の正義とは異なるものの、玄奘三蔵（六〇二―六六四）がインドにおいて相承して慈恩大師基に伝えたものであるから、『成唯識論』の十義にしたがって、これを会通すべきであるとしている。

『尋思別要』における本問答は、最初に無性教体を記し、二に相承を定証し、三に仏不説の法義の文証を示し、四に無性の宗義の本旨を述べ、五に『摂論』の上下の文を会通し、六に十地菩薩を金剛蔵と示し、七に無性の意は唯識にあるか否かを論じ、八に『仏地経論』の文を『成唯識論』が十義をもって会通していることを明かし、これをもって無性の教体論を論じ尽くした上で、正義説である次問答の「護法教体」との相違を明確にしたものであったと考えられる。いわば、これは他宗に対して法相宗の教義のよって立つ基盤を明確にすることを目指す貞慶教学の特徴を示している論義テーマであったといってよいであろう。

（蜷川　祥美）

第二節　護法教体（ごほう・きょうたい）

【当該丁数】『論第一巻尋思鈔・別』（十六冊の内の第六冊）墨付八丁表～十四丁裏。

【同名短釈】無為信寺二。

【同 学 鈔】大正六六・四八・上。仏全七八・八八・上。

【読解研究】楠淳證・後藤康夫編『貞慶撰『唯識論尋思鈔』の研究―「別要」教理篇・上―』（法藏館／二〇二二年）一三五二頁〜一三七八頁（担当 蜷川祥美）。

【解　説】

本論義テーマは、仏陀の説いた「教体」について、法相宗の大祖と位置づけられる慈恩大師基（六三二―六八二）の見解を検証した問答である。

周知のように、基の『大乗法苑義林章』には、教体に関する四重の出体が説かれている。すなわち、仏陀の説いた教体（経典の体性）、すなわち仏教の教体（教えの体性）とは何かについて、⑴性用別論体、⑵摂仮随実体、⑶摂境従識体、⑷摂相帰性体の四重に分けて論じた理論である。これを解説するならば、およそ以下のようになるであろう。

⑴　性用別論体とは　仏陀の説法は声・名・句・文によって示されるので、これらを教体とする。しかしながら、声は、種子から生み出された実法であり、名・句・文は、声の上に示された仮法である。実法を性（本質）とし、仮法を用（はたらき）として別々に扱い、両方を教体とするので、声・名・句・文が教体となるのである。

⑵　摂仮随実体とは、名・句・文の仮法を声の実法に摂して、ただ声のみを教体とする。

⑶　摂境従識体とは、声などの境（認識対象）は識の相分なので、識そのものを教体とする。

⑷　摂相帰性体とは、識も有為法であり、無常の事相である。しかしながら、その実性は、無為の真如であるの

で、相として現れた識を性である真如自体に帰して教体とする。

このうち、性用別論をもって教体を論じた護法の学説を正義とする法相唯識において、護法の教体論をめぐって論じられたものが、本問答である。

まず、性用別論を説く護法の教体論について、教体は能説者、すなわち仏陀の声・名・句・文、すなわち、能説者の無漏の本質相分の声・名・句・文を教体とするのだという。これについて貞慶の自義である「末説」には、性用別論体の所説で考えるなら、教には教授の義があり、「根本能説法」を本とし、「聞く者の識の声・名・句・文に現れた法」を末とするといい、あくまでも本を真、末を仮・似と見て、根本の真教（説者の所変）を教体とすべきであると述べているのである。およそ、性用別論をもって説く時、本と真が性に分類され、末と似が用に分類される。したがって、実性と仮用とを各別に論じるので、能聞の所変を能説の本に従えて論ずることなどできはしないといい、唯だ根本能説の法のみを教体とすると結論づけているのである。

さらに、菩薩が有漏の心のまま説く教体についても問いを立て、有漏心のまま法を説いても、仏説ならば真の法宝であるとの見解を示し、仏説は菩薩がはじめて説いたものではなく、無漏である仏の説教そのものなのであるとする。この点、理に寄せて論じているといってよいであろう。そして最後に、菩薩は無漏心で説法するのか否かについて重ねて問い、八地以上の大力菩薩が無漏心を持つことができるのは疑いようがないので、その心の所変は教体となり得るとも論じている。ただし、因位にある菩薩の第八識は未だ有漏である。無漏心が有漏の音声を撃発することで無漏の音声は必ず実現するのだとしている。これは、護法の教体論を説く際に、菩薩の説法もまた教体となりうることを示したものとして注目される。

このように、仏陀の根本説法を教体とし、兼ねて高位の大力菩薩の説法もまた教体となりうることを貞慶は示した。これによって、菩薩が大悲の実践をもって衆生を誘引する道がまた開かれたといってよいであろう。

（蜷川　祥美）

第三節　推功帰本（すい・こう・き・ほん）

【当該丁数】『論第一巻尋思鈔・別』（十六冊の内の第六冊）墨付十六丁表～二十四丁表。

【同名短釈】無為信寺二。

【同　学　鈔】大正六六・五〇・中。仏全七六・九三・上。

【読解研究】楠淳證・後藤康夫編『貞慶撰『唯識論尋思鈔』の研究―「別要」教理篇・上―』（法藏館／二〇二二年）一三七九頁～一四三三頁（担当　西山良慶）。

【解　　説】

本論義テーマは、「推功帰本」の義を用いて「言説をもって教化を行き渡らせる応化身」と「言説の本性である法身」との関係を明らかにし、もって「応化身の言説を推し測って本性である真如に帰することが法身説法である」ことを明確に示した問答である。

周知のように、法相教学においては、教えの浅深にもとづいて、四段階の教体論（四重出体）が説かれている。四重出体とは「性用別論体・摂仮随実体・摂境従識体・摂相帰性体」の四種をいう。いわゆる、「性用別論体」とは声・名・句・文をもって教えの実体（教体）とするものであり、「摂仮随実体」は名・句・文の仮法を実法である声に摂して声のみを教えの実体とするもの、また「摂境従識体」とは声もまた識の変じたものであるとして識をもって教の実体とするもの、「摂相帰性体」は識もまた有為無常の法であるから究竟の実性である無為の真如に帰して真如を教えの実体とするものである。このように法相教学においては、教体は浅より深への四重出体によって論じられるが、護法の正義説は「性用別論体」にあるので、声・名・句・文をもって教体とするというのが法相宗の常義であるといってよい。これに対して、今回の論義テーマで問題とされたのは、四重出体の中の第四の「摂相帰性体」であり、「推功帰本」と「摂相帰性体」との密接な関係をもってして、『入楞伽経』に示される法身説法をどのように理解すべきかと問うているのである。

いうまでもなく、法相宗は法身説法を説かない。ところが、世親（四〇〇―四八〇年頃）の『金剛般若波羅蜜経論』（以下『般若論』）には「応化は真仏に非ず。亦た説法者に非ず」（大正二五・七八四・下）とも説かれていた。そこで、「応化の言説を推し測って本性である真如に帰す」る「推功帰本」の義をもって、応化身の説法が法身等流の説法であるとの会通が示されるに至った。

これについて、法相宗の第二祖と位置づけられる淄洲大師慧沼（六四八―七一四）の『成唯識論了義灯』には、道証（?―六九二―?）の『成唯識論要集』に出る「離能所詮教」を会通して、「四重出体の中の摂相帰性のことであり、これは推功帰本にあたる」（大正四三・六六二・下）との見解が示された。この慧沼の見解は、道証が『入楞伽経』の法身説法を解釈するにあたり、言説を離れた法身の説法のあり方を「離能所詮教」としたことに対してなされたものであり、慧沼はあくまでも「法身が説法するのではなく、言説の本性である法身の教化を応化が行き渡らせるのみである」と見て、これを「推功帰本の義である」と述べたのである。そこで、これを受けた『尋思別要』の答文には、法身説法には『楞伽経』所説の「従本出末」のものと『般若論』所説の「推功帰本」のものとがあるといい、「法身より出でた応化二身が衆生を教え導くのは法身の力によるものであり、推功帰本の義をもってすればすべてが法身のはたらきとなる。これこそ四重出体でいうところの摂相帰性に他ならない」と論じたのである。

このように『尋思別要』では、「推功帰本」の語義解釈を詳細に行うと共に『入楞伽経』の経文解釈をも兼ねて行い、法身説法に「従本出末」と「推功帰本」の二門があり、二門が相依の関係にあることを明らかにした。その上で、法身説法における二見解として「生正智解」（従本出末）と「推功帰本」の二つをあげ、それぞれの見解および両見解を兼ねる諸説に対して論難を設け、回答を示したのである。しかし、貞慶自身は法身説法における二見解を示すのみで、結局はどの説を採用するかについては明確な姿勢を示さなかったといってよい。

これに対して結論を先にいえば、貞慶は両見解を兼ねる立場にあったと見てよいであろう。そのことは、冒頭に出る貞慶の私見（末云）に続く経文解釈から知ることが出来る。すなわち、「摂相帰性」と「推功帰本」とには寛狭の異なりがあり、「摂相帰性」では一切の染浄の諸法が真如に帰するが、一方の「推功帰本」では聖者の言説のみが真如より生じ、その聖者の言説を手立てとして法身に帰するあり方が示されている。そして、この時の「推功帰本」が「従本出末」と相依の関係にあると、『尋思別要』では述べられているのである。

このように、「摂相帰性」と「推功帰本」には寛狭の異なりがあり、「推功帰本」と「従本出末」には相依の関係があるとすることによって、法相宗の所依の経典の一つである『入楞伽経』に説かれる法身説法をどのように会通するかを『尋思別要』は明確に示したのである。すなわち、聖者（応化身）の言説は内証（法身）より生じた法界等流の正法であるため、応化身の言説（事相）を手立てとして法身（理性）へ帰することができるという観点より、『入楞伽経』に説かれる法身説法の義を会通したといってよい。

以上のように、論義テーマ「推功帰本」は「従本出末」のみでは理に偏りかねない『入楞伽経』所説の法身説法の義に対して、事理の不即不離・不一不異のあり方をもって、教体が実は真如（法身）そのものに他ならず、その真如の理（法身）を応化身が言説をもって説き示すことを明らかにした。これによって、理に偏した法身説法の義を正そうとしたのが、貞慶の真意ではなかったかと考えられる。その背景にはおそらく、唯識説を換骨奪胎して真言教義を立てた「空海の法身説法」に対する対処・批判があったのではないかと思われる。

（西山　良慶）

第四節　護法出世（ごほう・しゅっせ）

【当該丁数】『論第一巻尋思鈔・別』（十六冊の内の第六冊）墨付二十四丁裏～二十八丁表。

【同名短釈】なし。

【同　学　鈔】なし。

【読解研究】楠淳證・後藤康夫編『貞慶撰『唯識論尋思鈔』の研究―「別要」教理篇―・上―』（法藏館／二〇二二年）一四三三頁～一四五〇頁（担当　魏藝）。

【解　　説】

本論義テーマは、釈尊の生存年代より「護法の出世した時期」を検証し、もって唯識仏教の正統性を明らかにしようとする問答である。現在では、「五三〇年～五六一年」の人と見られている護法であるが、貞慶在世当時には釈尊の入滅年代のあり方によって異なる年代の指摘があり、それをもとに唯識仏教の正統性に疑義が呈されていたので、そのことに対処して立てられた論義テーマであったといってよい。

周知のように、法相宗は天台宗等の一乗家から権大乗と謗られ、正依の論典である『瑜伽師地論』さえも正説ではないと誹謗された。法相教学では「護法正義」と説かれ、十大論師の中で護法の唯識説こそが弥勒（生没年不詳）・無著（三九五―四七〇頃）・世親（四〇〇―四八〇年頃）を継承する正統説であると位置づけられている。そこで貞慶は、護法・戒賢（五二九―六四五）・玄奘（六〇二―六六四）と相承された唯識仏教の正統性を擁護するため、「護法出世」の論義テーマを立てたのである。

本テーマはおよそ四つの問答よりなるが、内容的には「護法出世の年代」「伝来の異説」「仏出世年代の会通」の三種の観点より論じられ、釈尊の出世・入滅の検証がなされている点に特色がある。なお、「護法出世」が論じられた背景には、奈良から平安時代にかけて輸入され、東アジア仏教に波及する「空有の論争」がある。「護法出世」だけでなく「清弁有境無心」も同じ背景を有している。これらの論義テーマは、中世の法相を含め、天台・三論・華厳等の諸宗によって蓄積・洗練された論義伝統をもとに展開したのである。

ここでは釈尊の入滅年代によって、護法出世の年代に齟齬が生じる点より論難がなされる。これに対して、貞慶は『仏地経論』『大唐西域記』などに基づいて、元々インド諸部や中国の漢籍文献には如来の入滅について諸々の異説のあったことを示す。その中でも、仏滅後千一百年が護法菩薩の出世であると主張する。その根拠として、護法・戒賢・玄奘の仏法伝承に年代上の疑問がないことを挙げる。その後、『史記』『左伝』『周書異記』などをもとに諸異説を詳細に論じながら、『大唐大慈恩寺三蔵法師伝』における玄奘と戒賢との初対面の出来事も挙げる。要するにこれは、インドから直接に伝承される唯識仏教の正統性を強調しているのである。

注目すべきは、「仏出世年代の会通」において貞慶が継承した多重浄土論による多元仏国土論が展開されている点である。いうまでもなく多重浄土論は慈恩大師基以来のものであるが、小化土（一小世界）について論ずれば百億の多元的併存世界を論ずることになる。したがって、『周書異記』などに伝えられる仏出世の異説は、それぞれの世界の影響が瑞兆となって我々の世界にあらわれるからであるとする。それは如来の不可思議神力によって、衆生の機根に応じて仏出世の諸異説が全て可能として会通されている。

かくして、釈尊の生存年代の検証によって護法の出世年代を明らかにすることで貞慶は、法相教学の正統性を明らかにしたといってよいのである。

（魏　藝）

第五節　清弁有境無心（しょうべん・う・きょう・む・しん）

【当該丁数】『論第一巻尋思鈔・別』（十六冊の内の第六冊）墨付二十八丁裏～三十一丁裏。

【同名短釈】なし（＊関連論題「有境無心」）。

【同　学　鈔】大正六六・七一上。仏全七六・一三五・中。

【読解研究】楠淳證・後藤康夫編『貞慶撰『唯識論尋思鈔』の研究―「別要」教理篇・上』（法藏館／二〇二一年）一四五一頁～一四六九頁（担当　魏藝）。

【解　　説】

本論義テーマは、「唯識無境」を立てる護法（五三〇―五六一）に対して、「有境無心」と論じた清弁（四九〇―五八〇年頃）の見解を如何に解釈するかを問う問答である。その背景には、護法と清弁の「空有の諍論」があった。インドにおいて清弁と護法による「空有の諍論」がなされたと伝えられたことを受けて、日本でも平安初期以来、法相宗と三論宗との間で「空有の諍論」に関する論争が行われた。そこで、『尋思別要』においても本論義テーマが立てられたのであるが、興味深いことには同テーマが『尋思別要』第五冊にも収録されていたという点である。

第五冊収録の「有境無心」では、清弁が護法の義を斥けるために「空の義をもって有の義を破し、唯境の義をもって唯識の義を破した」とし、「清弁のいう唯境は真空のことであるから空である以上は分別がないので心の名をたてない」と論じた後、「この清弁の見解は実は護法の説く法相生起の次第と同じである」との会通を示していた。その上で、末尾に「末案は別に之れを記す」と「更なる末案」のあることが示唆されていた。その「更なる末案」こそが本問答であったと考えられるのである。

本問答の構成は、「清弁の有境無心」「清弁の唯境建立の意義」「護法と清弁の唯識説」「心・境の解釈」の四つよりなる。その中で貞慶は、世俗門と勝義門それぞれの側面からインドの論師である清弁が立てる説の賛否を論じながら、護法を継承した唯識仏教（法相教学）の正統性を論じようとしているのである。そのため、清弁の「有境無心」において法相側からの三論宗への批判が高じることとなり、これを受けて清弁の空説を継承する三論宗から「法相宗の妄語である」という反論がなされるに至った。これに対して法相側は、インドへの聞法の有無をもとに、三論宗に対して再反論するのである。すなわち、三論宗の諸師はインドへ行き、インドの三論師の教えを親しく聞法したわけではない。一方で、玄奘三蔵（六〇二―六六四）はインドの地で唯識仏教だけでなく、清弁の門人の智光等の講釈も聞いており、法相宗こそがインド直伝の教えであると力説するのである。

これらの議論を踏まえた上で貞慶が示した見解の特徴は、清弁の見解を認めた上で会通し、法相宗の説く唯識義の正統性と正当性をあらためて強調した点にあるといってよい。すなわち、貞慶は、世俗門の立場では唯識と唯境が共に説かれる点より清弁の唯境説も如来の正説（方便説）であるとして認めた上で、護法の説く「法相生起の次第」をもって会通したのである。一方、勝義門においては、清弁の立てた皆空の説が『成唯識論』に説く四種類の迷謬の一説であり、清弁の「有境無心」は順世外道と同じであるとの批判をも兼ねて示した。これをもって体用や識転変を説かない清弁の空義は唯識仏教に遠く及ばないと主張したのである。

本問答では、インドの論師である清弁の教説を完全に否定するのではなく、一面では過失のない点もあるが、唯識仏教とは基本的には異なるとして批判を加えた点に、第五冊収録の「有境無心」とはまた趣きの異なる問答であったといってよい。かくして貞慶は、唯識（心）と唯境の義をもって中道唯識仏教の合理性と正統性を明確に論じたのであり、この点に本論義テーマの立てられた意義があったと考えられる。

（魏　藝）

編集後記

令和四年（二〇二二）二月に『貞慶撰『唯識論尋思鈔』の研究─「別要」教理篇・上─』（法藏館）を上梓した後、その「簡略解説」の作成に着手いたしました。これからはデジタルアーカイブの時代であり、ネットを介して古典籍の画像とその研究が公開され、進展していく時代──。龍谷大学に縁あって奉職した以上、自己の研究を龍谷大学のネット上で開示していくことが重要であると考えていた私は、さっそくに龍谷大学図書館と連絡をとり、図書館所蔵の『唯識論尋思鈔』のアップ予定画像に「簡略解説」を付記する作業に取りかかりました。共同執筆者の先生方のご協力もいただき、できあがった原稿に修正の赤を入れて遣り取りし、毎夜遅くまで作業いたしました。その結果、上巻刊行の三カ月後にあたる令和四年五月末にはすでに、今回の書籍に収録した「解説」ができあがっていました。

当時、龍谷大学世界仏教文化研究センターの基礎研究部門長であった私の構想では、『尋思鈔』のアップ画像に「解説」を付加することを契機として、その後は同分野の研究者による研究情報（研究成果の一部）の順次付加と、その方々の研究書や研究論文へのリンクができるまでを想定していました。これによって貞慶に関する研究が世界的規模で進展していくと共に、同様のあり方が各研究分野で行なわれていくことを願っての試みでもありました。ところが、残念なことに私の構想は「主として画像のみをアップする」という図書館の方針と最終的に相容れず、「解説」の公開さえもできなくなりました。まったくの私の力不足でした。そこで気持ちを切り替え、本来の構想とは異なりますが、このたびの自費出版による「簡略解説」の公開に踏み切った次第です。

本書には、故・弥山礼知氏の「科文解説」も収録し、また右記の書物の「索引」も収録いたしました。少しでも研究者の方々への資助になればと考えております。なお、今一つ収録した「正誤表」ですが、これについては決して完全なものではないので、「現時点での正誤表」ということで、ご了解いただきたいと存じます。

私の研究テーマは、法相論義の解明と貞慶研究（教学・思想・信仰）にあります。そして今は、埋もれていた貞慶編述の『尋思鈔』という「叡智の書」を世に広く示すことに、特に研究の主軸を置いています。次回は、いよいよ続編である『貞慶撰『唯識論尋思鈔』の研究―「別要」教理篇・中―』の刊行となります。まだ道のりは遠いですが、何とか存命中に全三巻の書籍を刊行したいと願っております。

令和六年（二〇二四）一月十二日

編者　楠　淳證

編者略歴

楠　淳證（くすのき・じゅんしょう）

1956年生まれ、兵庫県出身。龍谷大学文学部仏教学科卒業、龍谷大学大学院文学研究科博士後期課程（仏教学専攻）単位取得満期退学の後、龍谷大学専任講師、助教授を経て、現在、龍谷大学文学部教授、浄土真宗本願寺派司教、兵庫県豊岡市出石町福成寺住職。博士（文学）。〔著書〕『心要鈔講読』（永田文昌堂、2010年）、『貞慶撰『唯識論尋思鈔』の研究―仏道篇』（法藏館、2019年）のほか、編著に『南都学・北嶺学の世界―法会と仏道』（法藏館、2016年）、『蔵俊撰『仏性論文集』の研究』（共編、法藏館、2019年）、『貞慶撰『観世音菩薩感應抄』の研究』（共著、法藏館、2021年）、『貞慶撰『唯識論尋思鈔』の研究―「別要」教理篇・上』（共編、2022年）など。

貞慶撰『唯識論尋思鈔』の研究
「別要」教理篇・上　解説・索引

二〇二四年二月二十八日　初版第一刷発行

編　者　楠　淳證
発行者　西村明高
発行所　株式会社　法藏館
京都市下京区正面通烏丸東入
郵便番号　六〇〇-八一五三
電話　〇七五-三四三-〇〇三〇（編集）
〇七五-三四三-五六五六（営業）

装幀　上野かおる
印刷・製本　中村印刷株式会社

ISBN 978-4-8318-7775-8 C3015

執筆者一覧

魏　　藝（ぎ　げい、WEI Yi）
1983年生まれ、中国山東省出身。龍谷大学非常勤講師、世界仏教文化研究センター嘱託研究員。専門は中国南北朝の仏教学。

楠　淳證（くすのき　じゅんしょう）
奥付に別掲

後藤康夫（ごとう　やすお）
1959年生まれ、大阪府出身。龍谷大学非常勤講師、龍谷大学世界仏教文化研究センター客員研究員、岐阜聖徳学園大学仏教文化研究所客員研究員、大阪府地蔵寺住職。専門は仏教学、特に唯識学・因明学。

西山良慶（にしやま　りょうけい）
1991年生まれ、栃木県出身。現在、龍谷大学文学部専任講師。専門は仏教学、特に唯識学・因明学。

蜷川祥美（にながわ　さちよし）
1965年生まれ、富山県出身。現在、岐阜聖徳学園大学短期大学部教授、龍谷大学兼任講師。専門は仏教学、特に唯識教学。

舩田淳一（ふなだ　じゅんいち）
1977年生まれ、鳥取県出身。現在、金城学院大学文学部教授。専門は日本中世宗教思想史。博士（文学）。

村上明也（むらかみ　あきや）
1982年生まれ、京都府出身。現在、駒澤大学専任講師。専門は東アジアの仏教思想、特に天台教学。博士（文学・龍谷大学）。

『貞慶撰『唯識論尋思鈔』の研究―「別要」教理篇・上』

索　　引

凡　例

語句の採録に当たっては次のような方針をとった。

1、本索引は、『貞慶撰『唯識論尋思鈔』の研究—「別要」教理篇・上』の第一部「総論」と第二部「翻刻読解研究」所収の資料第一章〜第四章に出る用語を対象とする。ただし、「約入仏法」のような法相論義に見られる論題も術語として取った。

2、人名は、近現代の研究者についても採録した。また、寺院名が人物を指す場合には「→」で示し、「I」の「人名・僧官名・学派名・宗派名索引」に収録して、五十音の漢字順に配列した。

　例：　菩提院　→蔵俊

3、地名・寺名・建物名も、五十音の漢字順に配列した。

4、文献名は、経典・論典・仏教撰述文献（近現代の研究書を除く）に限って採録し、五十音の漢字順に配列した。

5、学術用語は仏教語の読み方、または唯識用語の読み方に従い、五十音の漢字順に配列した。

6、原則として常用漢字については新字体による表記を採用した。

7、収録用語に「・」がある場合は、一つの述語として収録した。

　例：心・意・識　→心意識

8、収録用語に複数の表記がある場合は（　）内にヴァリエーションを示した。

9、省略のある場合は〔　〕で表した。

10、収録用語に補足説明を附す場合は［　］で括った。

11、収録用語が各翻刻資料の章節名として出る場合、頁数の右上に「＊」を附して、その章節内の用例を代表させた。

12、「→」は原則として参照先を表す。また、漢字五十音順に配列したため、読み音が異なる同一漢字も、原則として同じ箇所に収録した。

〔付記〕

本凡例は、業務委託（アルバイト）の形で龍谷大学非常勤講師の魏藝氏に原案作成を依頼し、編者が全データを確認し、再構成したものである。万が一誤謬等があった場合は、その責めは編者が負うものであることを一言しておく。

（編者　楠　淳證）

Ⅰ．人名・僧官名・学派名・宗派名の索引

あ行

か行

さ行

た行

な行

は行

ま行

や行

ら行

Ⅱ．地名・寺名・建物名の索引

あ行

か行

さ行

た行

な行

は行

ま行

や行

ら行

Ⅲ．経典・論典・章疏抄等の仏教文献名の索引

あ行

か行

さ行

た行

な行

は行

ま行

や行

ら行

Ⅳ．学術用語の索引

あ行

か行

さ行

た行

な行

は行

ま行

や行

ら行

わ行

（楠淳證・魏藝）

『成唯識論同学鈔』科文および所在短釈一覧

弥 山 礼 知

凡　例

1．目的

この一覧表は、『成唯識論同学鈔』を基にして、各寺院等に収蔵されている論義「短釈」を照会し、論義科文（論義の題目）とその所在を明らかにすることを、目的としている。

2．各項目の説明

①大正科文（論題）

『大正新脩大蔵経』第66巻所収の『成唯識論同学鈔』に掲載されている科文を五十音順に掲載している。

②「科文その他」

照会した各短釈等で、「大正科文」と別題ではあるが、内容が全く同様かあるいは類似していると思われるものについて、掲載している。また、「大正科文」には見られない論義科文も、同項目に分類した。（ただし、五十音順ではない）また、それぞれの科文についての、簡単な補足も記した。なお、弥山氏作成の段階では「備考」欄に記載されていた「内容的に『成唯識論同学鈔』・『唯識論尋思鈔』・『愚草』などの論義抄よりの抜き書きされたと思われるものや文集など」も、この項目に収録した。

④本論巻

『成唯識論』（巻一〜巻十）の該当する巻数を挙げている。不明なものは空白とした。

⑤大正頁

『大正新脩大蔵経』第66巻に掲載されている当該論義テーマの一番始めの頁番号を掲示した。掲載されていないものは「－」で示した。

⑥仏全頁

『大日本仏教全書』第76・77巻に掲載されている当該論義テーマの一番始めの頁番号を掲示した。掲載されていないものは「－」で示した。

⑦興福寺

奈良県の興福寺に収蔵されている「短釈」の数を表す。本研究では、これを「興福寺短釈」と称することにした。

⑧東大寺

奈良県の東大寺図書館に収蔵されている「短釈」の数を表す。本研究では、これを「東大寺短釈」と称することにした。

⑨南都論

大谷大学図書館に収蔵されている『南都論草』の「短釈」の数を表す。

⑩無為信

新潟県の無為信寺に収蔵されている「短釈」の数を表す。本研究では、これを「無為信寺短釈」と称することにした。

⑪薬師寺

奈良県の薬師寺に収蔵されている「短釈」の数を表す。本研究では、これを「薬師寺短釈」と称することにした。

⑫龍大短

龍谷大学図書館に収蔵されている『法相関係論義書』の「短釈」の数を表す。本研究では、これを「龍大短釈」と称することにした。

⑬短釈合計

上記の興福寺・東大寺図書館・大谷大学『南都論草』・無為信寺・薬師寺・龍谷大学『法相関係論義書』に収録されている「短釈」の合計数を示す。

3．略号について

（大）：『大正新脩大蔵経』第66巻所収の『成唯識論同学鈔』

（全）：『大日本仏教全書』第76・77巻所収の『成唯識論同学鈔』

（興）：奈良県・興福寺

（東）：奈良県・東大寺図書館

（南）：大谷大学所蔵・『南都論草』

（無）：新潟県・無為信寺

（薬）：奈良県・薬師寺

（龍）：龍谷大学所蔵・『法相関係論義書』

4．参考資料

① 『大正新脩大蔵経』第66巻『成唯識論同学鈔』（1930．9、大蔵出版）

② 『大日本仏教全書』第76・77巻『成唯識論同学鈔』（1983．7復刻版、名著普及会）

③ 『興福寺典籍文書目録』第１・２巻、奈良国立文化財研究所（第１巻1986．3、第２巻1996．9、法蔵館）

④東大寺図書館所蔵文献目録、「法相部・律部目録」・「因明部目録」

⑤大谷大学所蔵、『南都論草目録』・『論草目録』

⑥新潟県文化財調査年報第十『水原郷』（1970、新潟県教育委員会）所収、「水原郷無為信寺蔵古論草目録」

⑦薬師寺制作、「薬師寺短釈」目録

⑧龍谷大学図書館所蔵、『法相関係論義書目録』

5．旧字体と異体字

原則として旧字体は新字体に、異体字は常用漢字に改めた。ただし、科文の異名を表す場合はそのままの字を使用することにした。

6．短釈数の数え方

同名・別名の論題を問わず、かつまた複数の「短釈」が一冊に合本されている場合でも、その数を該当の箇所に加えた。また、書物に「抄」などが記されていた場合、それが「論義書」か否か不明の場合は、すべて「短釈」とみなしてカウントした。

7．今後の課題

この一覧表は、現時点で調査しうる「短釈」について挙げたものである。今後、新たに「短釈」が発見された場合、あるいは「短釈」における論義内容を検討する中で他の科文の内容と類似していた場合など、論題数の再検討をしていく方針にある。

（弥山礼知・楠淳證）

【付記】

この凡例（一部修正）ならびに「『成唯識論同学鈔』科文および所在短釈一覧」（以下、「科文分類一覧」と略す）は、編者の研究グループが平成9年（1997）11月に発表した論文「共同研究『成唯識論同学鈔』の研究」（仏教文化研究所紀要第36集／龍谷大学）において故・弥山礼知氏が作成・発表した研究成果である。存命であれば数多くの業績を挙げたであろう優秀な研究者であったが、残念なことに若くして亡くなった。このたび本書を刊行するにあたり、氏の大きな業績の一つである「科文分類一覧」が歴史の狭間に埋没しないよう、かつ次世代の法相教学研究者にとっても研究の大きな手がかりになることを期待し、ここに転載・収録するものである。

なお、誤字や誤解等については一部修正したが、氏の業績を損なわないよう最大限の配慮をし、後に発見した短釈（若干数）等についても合算しないことにした。また、弥山氏作成の元データが失われていたため、業務委託（アルバイト）の形で龍谷大学大学院博士課程の常偉氏に復元してもらい、全データを一字一句にわたって編者が確認し、複数の誤記入等について修正を加えた。したがって、万が一誤謬があった場合は、その責めは編者が負うものであることを一言しておく。

（編者　楠淳證）

	大正科文 ( )は推定科文名	科文その他	本論巻	大　正	仏　全	興福寺	東大寺	南都論	無為信	薬師寺	龍大短	短縮合計
1	愛取因縁		論第8	66－494a	77－1124b	0	0	0	1	0	0	1
2	阿修羅天趣所摂	(全)諸阿素羅種類不定	論第3	66－248 c	76－508b	0	0	0	0	0	0	0
3	安養報化		論第10	66－585 c	77－1315a	1	0	2	0	4	1	8
4	安慧相見執非執	(全)安慧相見執歟	論第1	66－67a	76－129a	0	0	0	0	0	0	0
5	安慧二分	(全)安慧二分亦説種生	論第1	66－84 c	76－164a	0	0	0	2	0	0	2
6	安慧無漏心執	(全)無漏心執	論第8	66－504 c	77－1147b	0	0	0	0	0	0	0
7	安楽解脱身	(大)本文中題目欠落	論第10	66－584b	77－1311b	0	0	0	0	0	0	0
8	安立諦智断惑	(全)無漏安立諦智断惑欺. 安立諦智若断惑有何過歟	論第10	66－569a	77－1280a	0	0	0	1	0	0	1
9	以有相分別摂計度歟	(全)有相分別摂計度歟	論第7	66－409a	77－948a	0	0	0	0	0	0	0
10	謂有無学	(全)以聖言簡	論第7	66－416 c	77－964a	0	0	0	0	0	0	0
11	以王簡臣	(全)論文本意為主一義	論第4	66－279a	76－572a	0	0	0	0	0	0	0
12	謂起証実	(全)随無分別転智	論第7	66－423b	77－978a	0	0	1	0	2	0	3
13	異熟因非因	(全)異熟因非因縁	論第2	66－154 c	76－312a	0	0	0	0	0	0	0
14	謂現法楽声聞八部	(全)衆像現故	論第8	66－504b	77－1148b	0	0	0	0	0	0	0
15	以顕了言	(大)(全)本文中題目欠落. 三性三無性前後の一部か	論第9	66－517 c	77－1173b	0	0	1	1	4	0	6
16	意業非身	(全)意業非身化(薬)愚草 1部あり	論第10	66－590b	77－1323b	0	0	2	0	1	0	3
17	意業無表		論第1	66－126a	76－252a	1	2	0	2	2	1	8
18	以在他界		論第1	66－128a	76－256b	0	0	0	0	0	0	0
19	異地遠境		論第1	66－89 c	76－175a	0	0	0	1	0	0	1
20	位地十信	(全)西明位地十信	論第9	66－525b	77－1189b	0	0	0	1	0	0	1
21	以析伏現	(全)已析伏現	論第6	66－386b	77－770a. 902a	0	0	0	0	0	0	0
22	以重変故	(全)外穀等不名実種子歟	論第2	66－174a	76－353b	0	0	0	0	0	0	0
23	異熟等流総別	(全)異熟総別	論第1	66－120a	76－240b	0	0	0	0	0	0	0
24	異熟能変		論第2	66－151a	76－304b	0	0	0	0	0	0	0
25	異熟六識能熏	(全)異熟無記勝者成能歟	論第2	66－176b	76－359a	0	0	0	0	0	0	0
26	異生性通無覆歟	(全)異生性三性	論第1	66－129b	76－258a	0	0	0	0	0	0	0
27	為定姓人		論第1	66－25b	76－39b	2	0	0	0	0	0	2
28	意成身地位		論第8	66－499a	77－1135a	0	0	0	0	0	0	0
29	意成身通漸悟歟		論第8	66－500a	77－1137a	0	0	0	0	0	0	0
30	以除二乗	(全)以除二乗四顚倒心	論第10	66－591a	77－1325b	0	0	0	0	0	0	0
31	謂心廻転		論第3	66－201 c	76－409b	0	0	0	0	0	0	0

	大正科文 ( )は推定科文名	科文その他	本論巻	大　正	仏　全	興福寺	東大寺	南都論	無為信	薬師寺	龍大短	短縮合計
32	以相違故	(全)恐雑乱故	論第6	66－387b	77－768b.903b	0	0	0	0	0	0	0
33	以相順故	(大)目次にのみあり	論第4	－	－	0	0	0	0	0	0	0
34	意則可通	(全)此於後生	論第4	66－285c	76－586a	0	0	0	0	0	0	0
35	以第六作意無間道歟	(全)第六作意無間道．了相勝解四道	論第6	66－389c	77－777a.778a．908b	0	0	0	0	0	0	0
36	一意識計		論第1	66－68c	76－132b	0	0	2	2	0	0	4
37	已知根次位	(全)一心真見師立十六心歟	論第7	66－450c	77－1038a.1039b	0	0	0	0	0	0	0
38	一時聚集		論第1	66－52b	76－97a	0	0	0	0	0	0	0
39	一乗一道		論第1	66－35b	76－60b	0	0	0	0	0	0	0
40	一二五品断家家	(全)三二生家家	論第1	66－78b	76－148b	0	0	0	0	0	0	0
41	一仏繋属		論第10	66－593a	77－1329a	0	0	0	0	1	0	1
42	一分能入	(全)一分能入不能入	論第7	66－454c	77－1045b	0	0	0	0	0	0	0
43	一門転故		論第7	66－404c	77－939a	0	0	4	2	8	0	14
44	一来果廻趣		論第1	66－111a	76－220a	0	0	0	0	0	0	0
45	一経亘三時歟		論第1	66－4c.12a	76－13b	0	0	0	0	0	0	0
46	一間聖者感一大生歟	(全)一生或半生	論第1	66－78c	76－149a	0	0	0	0	0	0	0
47	一向無記		論第2	66－173c	76－353a	0	0	0	0	0	0	0
48	一切唯有覚	(全)二分教証	論第2	66－180c	76－370a	0	0	0	0	0	0	0
49	一種生慮非慮過	(全)一種生慮非慮等三過	論第1	66－83b	76－161a	0	0	0	0	0	0	0
50	一音教	(薬)尋思別要1部あり．論第5に分類	論第1	66－21c	76－31b	0	0	0	0	2	0	2
51	一法真俗相形	(全)真俗相形 (全)本文中題目欠落	論第1	66－73c	76－140a	5	0	0	1	0	1	7
52	一法中道		論第7	66－429a	77－990a	0	0	0	2	13	0	15
53	一法未達未遍知	(全)一法未達	論第4	66－286b	76－587b	0	0	0	0	0	0	0
54	已得自在菩薩通初地歟	(全)已得自在菩薩初地已上歟．漸悟変易証文	論第8	66－497a	77－1131b	0	0	0	0	0	0	0
55	意及意識	(南)同学抄等2部あり	論第8	66－504a	77－1146b	1	0	6	0	0	0	7
56	謂如五識	(全)謂如五識量	論第5	66－314c	77－645a	0	0	0	0	0	0	0
57	以非希奇		論第3	66－223b	76－456b	0	0	0	0	0	0	0
58	以下恒故	(全)六識現前非識食時有歟	論第4	66－260c	76－533a	0	0	0	0	0	0	0

	大正科文 (　)は推定科文名	科文その他	本論巻	大　正	仏　全	興福寺	東大寺	南都論	無為信	薬師寺	龍大短	短縮合計
59	以無色界	(全)如無色識	論第2	66－183a	76－374a	0	0	0	0	0	0	0
60	以忘念恵		論第4	66－293 c	76－601b	0	0	0	0	0	0	0
61	以六八所縁摂五塵界歟	(全)五倶意識及第八識所縁色等立五塵歟	論第5	66－318b	77－652b	0	0	0	0	0	0	0
62	印順定事		論第9	66－538 c	77－1217b	0	0	0	0	0	0	0
63	因声無記		論第8	66－458a	77－1052a	0	0	0	1	2	0	3
64	因位後得智熏果位種歟	(全)菩薩不知	論第8	66－478b	77－1093a	0	0	0	0	0	0	0
65	因位無漏名異熟証		論第2	66－153b	76－309a	0	0	0	0	0	0	0
66	引発因	(全)雖作此釈	論第8	66－462a	77－1059b	0	0	0	0	0	0	0
67	有為相量		論第2	66－133b	76－265b	0	1	0	0	0	0	1
68	有因法	(全)有因論事	論第8	66－462 c	77－1061a	0	0	0	0	0	0	0
69	又我唯総執	(全)我唯我総執事 (興)愚草等2部あり	論第2	66－146b	76－295b	7	0	0	0	4	0	11
70	有義倶無	(大)本文中題目欠落	論第9	66－546b	77－1233b	0	0	0	0	0	0	0
71	有義転依	(全)属能転道	論第9	66－549b	77－1240b	0	0	0	0	0	0	0
72	又既不可説		論第1	66－106b	76－211a	0	0	0	0	0	0	0
73	有境無心		論第1	66－71a	76－135b	0	0	0	0	0	0	0
74	又拠不善	(全)受支一分名能生支	論第8	66－484 c	77 － 1106b. 1107a	0	0	0	2	0	0	2
75	又互顕故		論第2	66－152a	76－306b	0	0	0	0	0	0	0
76	又今疏断		論第6	66－385C	77－764a. 900b	0	0	0	0	0	0	0
77	有散乱以定為体義耶		論第6	66－349c	77－822b	0	0	0	0	0	0	0
78	有事無事		論第6	66－397 c	77 － 790b . 925b	0	0	0	0	0	0	0
79	有宗一念	(興)愚草1部あり	論第2	66－169b	76－344a	3	0	0	0	0	0	3
80	有宗部行断惑	(全)有宗部行断惑准瑜伽	論第10	66－563 c	77－1268b	0	0	0	0	0	0	0
81	有性離実量	(全)許非無故因不定	論第1	66－116b	76－230b	0	0	0	0	0	0	0
82	又諸我見		論第1	66－107a	76－212a	0	0	0	0	0	0	0
83	又初七日		論第1	66 － 14C. 20b	76－18a	0	0	0	0	0	0	0
84	又心相続	(全)又心相続長時間断	論第3	66－241a	76－493b	0	0	0	0	0	0	0
85	又説性対治	(全)行相対治	論第6	66－348 c	77－710a. 820b	0	0	0	0	0	0	0
86	又前二見	(薬)口前二見	論第4	66－291 c	76－597b	0	0	0	0	1	0	1

	大正科文 (　)は推定科文名	科文その他	本論巻	大　正	仏　全	興福寺	東大寺	南都論	無為信	薬師寺	龍大短	短縮合計
87	鄔陀夷経	(全)滅定後起	論第7	66－419a	77－969a	0	0	0	0	0	0	0
88	憂通無記	(全)不通一切識身者	論第5	66－331 c	77－ 680b．681b	0	0	0	0	0	0	0
89	有半作用		論第3	66－209a	76－425b	0	0	0	0	0	0	0
90	又復設爾		論第1	66－25a	76－38b	0	0	0	0	0	0	0
91	又不知親証		論第1	66－67b	76－129b	0	0	0	1	0	0	1
92	有別法処自性量		論第2	66－137b	76－275b	0	0	0	0	0	0	0
93	有辺二解		論第6	66－366a	77－857b	0	0	0	0	0	0	0
94	有法自相事	(大)目次にはなし(興)有法自相上中あり(東)指示1部あり(南)口伝抄1部あり	論第2	66－134a	76－268b	5	22	0	0	0	0	27
95	有漏一識因	(薬)愚草1部あり	論第2	66－144 c	76－290a	2	0	0	0	6	0	8
96	有漏定所変香味		論第4	66－257 c	76－527b	0	0	0	0	6	0	6
97	有漏第八縁無漏定果色相分	(全)有漏第八縁無漏定果色独影歟	論第1	66－96b	76－188a	0	0	0	0	0	0	0
98	有漏転斉		論第2	66－166 c	76－337a	2	0	0	0	0	0	2
99	有漏道諦	(全)此通有漏無漏二道	論第10	66－568b	77－1279a	0	0	0	0	0	0	0
100	有漏名義		論第5	66－317b	77－650b	0	0	0	0	0	0	0
101	有漏唯本有生		論第2	66－165 c	76－334b	0	0	0	0	0	0	0
102	依喜根得初二果歟	(全)喜根非堅住事	論第1	66－109a	76－216b	0	0	0	0	0	0	0
103	慧証身不証等	(全)恵証身不証	論第2	66－145a	76－291a	0	0	2	0	0	0	2
104	依諸見故因	(全)依諸見故	論第6	66－370 c	77－ 724b．866b	0	0	0	0	0	0	0
105	依諸静慮		論第9	66－539 c	77－1220a	0	0	0	0	0	0	0
106	依真見依処立所縁縁歟		論第8	66－466a	77－1067b	0	0	0	0	0	0	0
107	依真見随順立等無間縁歟	(全)依真見随順二立等無間縁歟	論第8	66－465 c	77－1066b	0	0	0	0	0	0	0
108	依染汚意	(全)世親摂論染汚意	論第4	66－284b	76－583b	0	0	0	0	0	0	0
109	依染汚故	(全)又即与彼和合之識	論第3	66－253b	76－518a	0	0	0	0	0	0	0
110	依法性土	(全)而属仏法	論第10	66－591 c	77－1326b	0	0	1	0	0	0	1
111	円鏡智自相応	(全)円鏡智縁自相応歟	論第2	66－147 c	76－298a	0	0	0	0	0	0	0
112	円鏡智得名	(全)無為円鏡智有財釈以何文証之乎．然正解者是依主釈事．要集円鏡智有財依主事	論第10	66－574b	77－1292a	0	0	0	0	0	0	0

	大正科文 (　)は推定科文名	科文その他	本論巻	大　正	仏　全	興福寺	東大寺	南都論	無為信	薬師寺	龍大短	短縮合計
113	縁根塵等		論第2	66－192b	76－392b	0	0	2	0	5	0	7
114	厭色斉色難		論第1	66－130b	76－261a	0	0	0	0	0	0	0
115	縁種子熏種子歟	(全)縁種子所変相分熏種歟	論第2	66－178b	76－363a	0	0	0	0	0	0	0
116	縁十八界見分各別歟	(全)意識縁十八界時見分各別歟	論第1	66－98 c	76－190b	0	0	0	0	0	0	0
117	延寿法者		論第8	66－501b	77－1139a	0	0	2	1	4	0	7
118	縁生分別	(全)縁生分別段 (大)科段あり	論第8	66－471 c	77－1079b	0	0	0	0	0	0	0
119	縁智已周		論第7	66－452a	77－1040b	0	0	0	0	0	0	0
120	円満真如		論第10	66－566a	77－1275a	1	0	6	0	11	0	18
121	応加勝進		論第9	66－541 c	77－1224b	0	0	0	0	0	0	0
122	応色智等	(無)深秘応色智等	論第9	66－541a	77－1223b	0	0	0	1	0	0	1
126	王由相応	(全)王由相応得成三性	論第4	66－291b	76－597a	0	0	0	0	6	0	6
124	依於尋伺	(全)摂法不尽過．静慮中間若定若生	論第7	66－406b	77－942b	0	0	0	2	0	0	2
125	於近之中		論第8	66－458a	77－1051b	0	0	0	0	0	0	0
126	於修道中	(大)本文中題目欠落	論第9	66－545b	77－1231b	0	0	0	0	0	0	0
127	於善染等		論第7	66－403a	77－938a	0	0	0	0	1	0	1
128	於無字	(全)於無字上但有其三	論第1	66－52a	76－96a	0	0	0	0	0	0	0
129	於無相中		論第5	66－296 c	77－696b	0	0	0	0	0	0	0
130	爰引六経		論第1	66－ 2b．9b	76－6b	0	0	0	0	0	0	0
131	遠望当現	(大)(仏)には同名論題あり	論第7	66－434b	77－1003b	0	0	0	0	0	0	0
132	遠望当現	(大)(仏)には同名論題あり	論第8	66－468b	77－1072a	0	0	0	0	0	0	0
133	懐我見者		論第3	66－228b	76－467a	0	0	0	0	4	0	4
134	皆順無我量	(全)皆順無我	論第3	66－229b	76－469a	0	0	0	0	0	0	0
135	皆体非漏	(薬)□体那漏 (無)文集1部あり	論第8	66－492 c	77－1122b	0	0	0	1	1	0	2
136	界地往還	(全)今此顕破	論第4	66－267 c	76－547b	0	0	0	0	0	0	0
137	開導依	(全)開導依段 (大)科段あり	論第4	66－281b	76－578a	0	0	0	0	0	0	0
138	開導依第二師		論第4	66－284a	76－583a	0	0	6	0	0	0	6
139	皆独覚姓		論第1	66－64 c	76－122b	0	0	0	0	0	0	0

	大正科文 (　)は推定科文名	科文その他	本論巻	大　正	仏　全	興福寺	東大寺	南都論	無為信	薬師寺	龍大短	短縮合計
140	皆二乗根	(全)前言三位	論第7	66－452b	77－1041b	0	0	0	0	0	0	0
141	皆容倶起	(全)二十随惑皆別境相応歟	論第6	66－400 c	77－ 798b．932a	0	0	0	0	0	0	0
142	学現観者		論第6	66－381 c	77－ 756b．892b	2	0	0	2	0	0	4
143	各守自性	(全)無記五識縁五塵有性不随義歟	論第1	66－86a	76－167b	0	0	0	0	0	0	0
144	覚天許受想思歟		論第1	66－70 c	76－135a	0	0	0	0	0	0	0
145	学法有支	(大)(仏)には同名論題あり	論第5	66－329a	77－675b	0	0	0	0	0	0	0
146	学法有支	(全)第十三学分別門 (大)(仏)には同名論題あり	論第8	66－490b	77－1117b	0	0	0	0	0	0	0
147	果顕現	(全)果倶有義簡無性第七歟	論第2	66－169b	76－344b	0	0	0	0	0	0	0
148	果恒唯一種	(全)或唯理非事	論第10	66－577 c	77－1298b	0	0	0	0	0	0	0
149	我宗無為		論第2	66－134b	76－269b	0	0	0	0	0	0	0
150	果成因不成		論第1	66－30b	76－51a	0	0	0	0	0	0	0
151	果上許嫁	(薬)には論第8あるいは論第5とある．下記に同名論題あり．	論第4	66－290a	76－594b	1	0	1	0	4	0	6
152	果上許嫁	(大)(仏)には同名論題あり	論第5	66－308 c	77－633a	0	0	0	0	0	0	0
153	我所執我量	(全)更相遍故因事我所執我量	論第1	66－105b	76－209a	0	0	0	0	0	0	0
154	我即安慧		論第1	66－63b	76－120a	0	0	0	0	2	0	2
155	何独所熏	(全)要集第七識第二義簡之云云可許耶	論第2	66－174 c	76－355a	0	0	0	0	0	0	0
156	何独偏破	(全)阿頼耶識無別有性量	論第3	66－246a	76－503a	0	0	0	0	0	0	0
157	我土如来		論第2	66－140b	76－282a	0	0	0	0	0	0	0
158	何能自悟		論第2	66－144a	76－288b	0	0	0	0	0	0	0
159	火弁立自証分歟		論第4	66－288 c	76－591b	0	0	0	0	0	0	0
160	我法仮実		論第6	66－342b	77－ 700b．806b	0	0	2	0	1	1	4
161	我無量想依地		論第6	66－374a	77－874a	0	0	0	0	0	0	0
162	観現在法		論第3	66－209b	76－426b	0	0	4	1	0	0	5
163	観待因		論第8	66－459 c	77－1055b	2	0	1	0	4	0	7

	大正科文 ( )は推定科文名	科文その他	本論巻	大　正	仏　全	興福寺	東大寺	南都論	無為信	薬師寺	龍大短	短縮合計
164	観能取無	(全)観能取無唯伏法執 (薬)観能取典	論第 9	66－537b	77－1214b	0	0	1	0	3	0	4
165	既有三相	(全)既有三相寧見為一	論第 1	66－113 c	76－224b	0	0	0	0	0	0	0
166	既云令感		論第 8	66－491b	77－1119a	0	0	0	0	0	0	0
167	義現観体	(全)義現観	論第 9	66－547b	77－1236a	0	0	0	0	0	0	0
168	執在有法		論第 1	66－74 c	76－142a	2	0	0	0	0	0	2
169	起者無始	(全)起者無始無明住地	論第 9	66－534b	77－1208b	0	0	0	0	1	0	1
170	既説行相	(全)既説行相応尽理明	論第 3	66－202b	76－410b	0	0	0	0	0	0	0
171	既知従前	(全)識為辺際之識者種子歟	論第 3	66－254 c	76－521a. 522a	0	0	0	0	0	0	0
172	義明定故	(全)又前二依有勝用故	論第 4	66－287b	76－589a	0	0	0	0	0	0	0
173	既名菩薩	(全)廻心已前既名菩薩	論第 7	66－453 c	77－1044a	0	0	0	0	0	0	0
174	帰命大智海	(薬)尋思抄等 2 部あり	論第 1	66－59 c	76－111b	0	0	0	8	7	0	15
175	希望為相		論第 4	66－259b	76－531b	1	0	1	0	1	0	3
176	逆流生		論第 1	66－77a	76－145b	0	0	0	0	0	0	0
177	疑唯迷理	(全)云迷理事	論第 6	66－361a	77－ 731b . 846a	8	0	0	0	0	0	8
178	行蘊少分	(全)此簡受想行蘊全	論第 4	66－278b	76－570b	0	0	0	0	0	0	0
179	経於百劫		論第10	66－561a	77－1263b	0	0	0	0	0	0	0
180	境界依処得士用果歟	(全)依境界依処得士用果歟	論第 8	66－469 c	77－1074b	0	0	0	0	0	0	0
181	驚覚用	(全)作意心所驚覚用(薬)警覚用 (薬)本文抄 1 部あり	論第 3	66－201a	76－407b	0	1	0	0	3	0	4
182	更加後四	(全)陳那四不成事	論第 1	66－104b	76－207a	0	0	0	0	0	0	0
183	鏡中影像		論第 7	66－422a	77－975b	5	0	0	3	1	0	9
184	凝然住不壊	(大)本文中題目欠落	論第10	66－584b	77－1311b	0	0	0	0	0	0	0
185	経部識支体	(全)有義意経部識支体業種為体事．経部識支体依世親摂論何判之	論第 4	66－268a	76－548b	0	0	0	0	0	0	0
186	経部四種善	(全)経部意立四種善歟	論第 4	66－266a	76－544a	0	0	0	0	0	0	0
187	経不説彼		論第 7	66－443b	77－1022a	0	0	1	0	1	0	2
188	境分斉相	(全)触心所行相通自共相歟	論第 3	66－203a	76－412a	0	0	0	0	0	0	0
189	境亦同此	(全)境亦同此一問答	論第 6	66－341 c	77－ 697b . 805b	2	0	0	0	1	0	3

	大正科文 ( )は推定科文名	科文その他	本論巻	大　正	仏　全	興福寺	東大寺	南都論	無為信	薬師寺	龍大短	短縮合計
190	敬礼無辺際	(全)敬礼過去未来世	論第1	66－60a	76－112b.113b	0	0	0	0	0	0	0
191	許依五地	(全)超越不還許依五地 (南)超越不還	論第10	66－559c	77－1261a	6	0	2	0	1	0	9
192	許起応善	(興)尋思抄等3部あり	論第6	66－387c	77－769a.904b	6	0	0	0	1	0	7
193	許現耳通		論第3	66－224b	76－457b	0	0	0	0	0	0	0
194	挙所証理		論第8	66－460c	77－1057a	0	0	0	0	0	0	0
195	喜楽同別種	(全)五受根同別種事	論第5	66－331a	77－679a	0	0	0	0	0	0	0
196	義理尚闕	(全)而以義准由少義理	論第4	66－278c	76－571a	0	0	0	0	0	0	0
197	魏梁隋唐	(全)魏梁隋唐等	論第9	66－537c	77－1215a	0	0	0	0	0	0	0
198	倶有因取	(全)倶有因取等事 (興)愚草等2部あり	論第2	66－172b	76－350a	6	0	0	0	0	0	6
199	倶有依第二師		論第4	66－274a	76－561b	0	0	0	0	0	0	0
200	倶有依中量	(全)供有依中	論第5	66－304a	77－622a	0	0	0	0	0	0	0
201	共相作意断惑	(大)目次にのみあり	論第6	－	－	0	0	0	0	0	0	0
202	共相種子		論第2	66－150c	76－303b	0	0	0	0	0	0	0
203	究意現観	(全)究意現観通有漏歟	論第9	66－547a	77－1235a	0	0	0	0	0	0	0
204	倶句是即離		論第6	66－368a	77－861a	0	0	0	0	0	0	0
205	苦根雖名無漏	(全)怡悦五識	論第6	66－355b	77－716b.832a	0	0	0	0	0	0	0
206	苦諦断証文	(興)(全)辺見苦諦断証文 (興)尋思抄1部あり(薬)論第2縁根塵等に附属	論第6	66－379c	77－750a.887a	4	0	0	0	1	0	5
207	熏成種子		論第1	66－95b	76－186b	0	0	0	1	0	0	1
208	悔謂悪作		論第7	66－403c	－	0	0	0	0	0	0	0
209	稽首無上良福田		論第1	66－57c	76－107b	0	0	0	0	0	0	0
210	豈以無漏		論第8	66－490c	77－1117b	0	0	0	0	0	0	0
211	下界第八縁魚米等相分	(全)変本形類	論第1	66－101a	76－195a	0	0	0	0	0	0	0
212	加行位立思現観歟	(大)本文中題目欠落	論第9	66－547c	－	0	0	0	0	0	0	0
213	加行道頓伏	(全)加行道有頓伏義乎	論第10	66－568c	77－1279b	0	0	0	0	0	0	0
214	解解脱義	(興)表紙のみ1部あり	論第5	66－311c	77－638b	1	0	1	0	1	0	3
215	花厳頓漸	(無)華厳頓漸提謂経大小 (無)花厳頓漸と提謂経大小か	論第1	66－5a.13a	76－15b	0	0	0	1	0	0	1
216	華厳聞無色界	(全)聞無色界宮殿之香	論第2	66－190c	76－389b	0	0	0	0	0	0	0

	大正科文 （　）は推定科文名	科文その他	本論巻	大　正	仏　全	興福寺	東大寺	南都論	無為信	薬師寺	龍大短	短縮合計
217	仮実分位		論第 2	66－136a	76－273a	0	0	0	0	0	0	0
218	化地部相応不相応慧		論第 2	66－148a	76－299a	0	0	0	0	0	0	0
219	化心法義	(全)化心法歟	論第10	66－591a	77－1325a	0	0	0	0	0	0	0
220	滑渋相伏	(全)滑渋等相形	論第 1	66－118a	76－236b	0	0	0	0	0	0	0
221	決定廻心		論第10	66－573a	77－1288b	0	0	0	0	0	0	0
222	決定応受業		論第10	66－566 c	77－1275b	0	0	3	0	6	0	9
223	下忍大円成証	(全)下忍位入円成証	論第 9	66－539a	77－1218a	0	0	0	0	0	0	0
224	仮必依真		論第 5	66－315a	77－645b	0	0	0	0	0	0	0
225	下不知上		論第 8	66－501C	77－1141b	0	0	0	0	3	0	3
226	仮立為一		論第 6	66－352a	77－827a	0	0	0	0	0	0	0
227	豈六位種	(全)豈六位種法爾差別	論第 9	66－523b	77－1185a	0	0	0	0	0	0	0
228	牽引因通已潤歟		論第 8	66－465b	77－1066a	0	0	0	0	0	0	0
229	別縁身辺二見	(全)別縁二見亦縁上地	論第 6	66－393 c	77－785a. 917a	0	0	0	0	0	0	0
230	見戒二取縁下地歟		論第 6	66－391 c	77－913b	0	0	0	0	0	0	0
231	現起報受		論第 8	66－481b	77－1099b	0	0	0	0	0	0	0
232	現行為境顕	(全)総縁我見縁他地現行歟．総縁我見縁天眼耳根歟	論第 5	66－390b	77－614a. 615a	0	0	0	0	0	0	0
233	健行定		論第 9	66－552b	77－1246b	0	0	0	0	0	0	0
234	見及相応法		論第 6	66－397a	77－924b	0	0	0	0	0	0	0
235	現業果化		論第 5	66－322a	77－660a	0	0	4	1	2	0	7
236	見五地断	(薬)□五地数	論第 4	66－294 c	76－603b	0	0	0	0	1	0	1
237	見言説	(全)見言説取眼識歟	論第 8	66－458b	77－1052b	0	0	0	0	0	0	0
238	眼根有見有対歟		論第 5	66－312b	77－661a	0	0	0	0	0	0	0
239	現在七八二識	(全)現在七八摂意識界歟	論第 5	66－323a	77－662a	0	0	0	0	0	0	0
240	現識名証文		論第 3	66－221b	76－451a	0	0	0	0	0	0	0
241	簡自共相		論第 8	66－507b	77－1152b	0	0	2	3	0	0	5
242	見者居穢土	(南)尋思抄等 4 部あり (薬)尋思抄等 4 部あり	論第10	66－594a	77－1331a	0	0	4	0	1	0	5
243	幻事喩	(全)如幻喩事．八喩第一第二喩差別	論第 8	66－509b	77－1156b	0	0	0	3	0	0	3
244	現所知法	(興)私指示等 2 部あり	論第 2	66－143a	76－286b	9	0	0	0	1	0	10
245	眼身根四大種造之歟	(全)以後大種造眼根耶擬実有火	論第 1	66－105a	76－208a	0	0	0	0	0	0	0

	大正科文 ( )は推定科文名	科文その他	本論巻	大　正	仏　全	興福寺	東大寺	南都論	無為信	薬師寺	龍大短	短縮合計
246	顕通利鈍		論第6	66－357b	77－728b．839a	0	0	0	0	0	0	0
247	見道位立八聖道支歟	(全)七見八修	論第1	66－127b	76－254b	0	0	0	0	0	0	0
248	見道可爾	(全)新熏種初生現見道第二念歟	論第10	66－570b	77－1282b	0	0	0	0	0	0	0
249	現有唯在因		論第2	66－169c	76－345a	0	0	0	0	0	0	0
250	簡遍計故		論第2	66－147a	76－297a	0	0	0	0	0	0	0
251	環望於蘊		論第6	66－363c	77－733a．852a	0	0	0	0	0	0	0
252	顕由彼起		論第7	66－408a	77－945b	0	0	0	1	0	0	1
253	顕揚影像色	(全)顕揚論影像色	論第7	66－431b	77－995a	0	0	0	0	0	0	0
254	見惑迷事		論第6	66－387b	77－904a	12	0	1	0	0	0	13
255	拠因位中		論第4	66－280a	76－574a	0	0	0	0	0	0	0
256	業招眼等		論第4	66－276c	76－567a	0	0	0	0	0	0	0
257	合成四釈		論第3	66－222b	76－453a	0	0	0	1	0	0	1
258	香味仮実		論第1	66－118b	76－237a	0	0	0	0	0	0	0
259	業用証	(全)此論中無	論第3	66－239C	76－490b	0	0	0	0	0	0	0
260	故依円成	(全)円成上仮立唯識三世歟	論第3	66－210C	76－428b	0	0	0	0	0	0	0
261	五蓋悔眠同歟		論第7	66－404a	－	0	0	0	0	0	0	0
262	拠界地設		論第6	66－357a	77－837b	0	0	0	0	0	0	0
263	故起煩悩	(全)七地已前故起貪等歟．故起嗔不善有覆．故起煩悩已伏未伏 (全)本文題目には七地前故起貪等歟のみ挙げられる	論第10	66－557c	77－1256b	1	1	0	0	2	7	11
264	極相隣近		論第3	66－197c	76－401a	0	0	0	0	0	0	0
265	極微縁相分		論第2	66－173a	76－351b	0	0	0	0	0	0	0
266	極或言簡	(大)目次にのみあり	論第3	－	－	0	0	0	0	0	0	0
267	許現起識	(南)同学抄等2部あり	論第4	66－277b	76－568b	0	0	4	0	1	0	5
268	五現涅槃	(全)及計後際	論第6	66－379b	77－749b．887a	0	0	0	0	0	0	0
269	語業界地	(大)(仏)には同名論題あり	論第1	66－62b	76－117a	0	0	0	0	1	0	1
270	語業界地	(大)(仏)には同名論題あり	論第4	66－265b	76－539b	0	0	0	4	0	0	4

	大正科文 (　)は推定科文名	科文その他	本論巻	大　正	仏　全	興福寺	東大寺	南都論	無為信	薬師寺	龍大短	短縮合計
271	五根有変異等流歟	(全)五根可有変異自性等流	論第1	66－121a	76－242b	0	0	0	0	0	0	0
272	故今但難		論第2	66－149b	76－301a	1	0	0	0	0	0	1
273	五識以第六所変為質歟	(全)変本形類	論第1	66－101a	76－195b	0	0	0	0	0	0	0
274	五識煩悩障	(全)安慧五識煩悩障	論第1	66－65b	76－125b	0	0	0	0	0	0	0
275	五識無能治故	(全)摂論不共無明証．聖位口酔過事	論第5	66－312 c	77－640a.641a	0	0	0	0	0	0	0
276	拠実道理		論第3	66－210a	76－428a	0	0	0	0	11	0	11
277	其実亦有		論第1	66－108a	76－214a	0	0	0	0	0	0	0
278	拠執為我	(全)火弁安慧并准此釈	論第4	66－288b	76－591a	0	0	1	0	0	0	1
279	互執有空	(興)愚草等3部あり (薬)愚草等2部あり	論第1	66－1 c．8b	76－4b	5	0	2	2	6	0	15
280	五種姓別	(興)五種姓義(全)無尽意経大小	論第2	66－157 c	76－ 317b．318b	2	0	0	0	0	0	2
281	拠取別境	(全)百法論等拠其体性	論第4	66－293a	76－600b	0	0	0	0	0	0	0
282	五趣名言種		論第7	66－434 c	77－1004b	0	0	0	3	0	0	3
283	五趣惑業	(全)惑業苦必同処歟	論第3	66－249b	76－510a.511b	0	0	0	0	0	0	0
284	五性一乗		論第1	66－45a	76－79a	0	0	0	0	0	0	0
285	拠生覚受	(全)又彼応非	論第4	66－276a	76－565a	0	0	0	0	0	0	0
286	拠勝者説		論第2	66－166a	76－335b	0	0	0	0	0	0	0
287	其体格別		論第2	66－149 c	76－301b	0	0	0	0	0	0	0
288	拠第七識	(全)拠第七識無明而起	論第1	66－102b	76－200a	0	0	0	0	0	0	0
289	故知現起六七		論第7	66－436 c	77－1008a	0	0	0	0	0	0	0
290	五同縁執		論第7	66－430b	77－992b	0	0	0	2	0	0	2
291	後得智縁自相境相分	(全)後得智縁無為相分百法中何	論第1	66－89b	76－174b	0	0	0	0	0	0	0
292	後得智無為縁相分	(全)後得智縁無為相分百法中何	論第1	66－89b	76－174a	0	0	0	0	0	0	0
293	五難六答		論第1	66－31 c	76－54a	0	0	0	0	0	0	0
294	後二無性	(薬)目録1部あり	論第9	66－518a	77－1174a	0	0	0	3	10	1	14
295	其不還亦爾	(全)次第証不還依未至歟	論第10	66－559b	77－1260b	0	0	0	0	0	0	0
296	五篇戒	(全)文殊問経五篇戒	論第9	66－550 c	77－1243a	0	0	0	0	0	0	0
297	五篇行全		論第6	66－356a	77－835b	0	0	0	0	0	0	0
298	護法以前二分歟		論第2	66－180b	76－369a	0	0	0	0	0	0	0

	大正科文 (　)は推定科文名	科文その他	本論巻	大　正	仏　全	興福寺	東大寺	南都論	無為信	薬師寺	龍大短	短縮合計
299	護法教体	(無)諸法体	論第1	66－48a	76－88a	0	0	0	2	0	0	2
300	戯妄憒恚二天	(全)戯妄忿恚二天	論第4	66－283b	76－581b	0	0	0	0	0	0	0
301	後亦不重		論第3	66－224a	76－457a	0	0	0	1	0	0	1
302	互用位五識縁過去歟		論第1	66－112a	76－222b	0	0	0	0	0	0	0
303	互用縁雖称境相	(全)所取他境互用縁雖称境相	論第1	66－94b	76－183b	0	0	0	0	0	0	0
304	去来二世量	(全)非現非常量	論第2	66－135a	76－270b	0	0	0	0	0	0	0
305	故六十劫		論第6	66－369 c	77－737a. 865a	0	0	1	1	2	0	4
306	今加断捨	(興)今加断捨雑注	論第3	66－208a	76－423b	1	0	0	0	1	0	2
307	根境作意	(全)根境作意善等類別	論第3	66－241b	76－494b	0	0	0	0	0	0	0
308	今解亦唯現境	(全)重性通現比歟	論第1	66－115b	76－228b	0	0	0	0	0	0	0
309	今此解好	(全)触能分別根境識三文明領似義歟	論第3	66－196b	76－400b	0	0	0	0	0	0	0
310	今取界身足論	(全)今取界身足六六	論第3	66－199a	76－404a	0	0	0	0	0	0	0
311	言勝義無		論第9	66－519b	77－1177a	0	0	0	0	0	0	0
312	根独取境歟		論第3	66－196 c	76－399a	0	0	1	0	0	0	1
313	根本後得二智境故	(全)三四境別事．拠実而言．(南)(薬)二智境故	論第8	66－510 c	77－1159b	0	0	2	0	7	0	9
314	根未熟故		論第1	66－36a	76－62a	0	0	1	1	0	0	2
315	今問依他		論第7	66－429 c	77－991b	0	0	1	3	0	0	4
316	根離識故		論第4	66－272c	76－559b	0	0	1	0	1	0	2
317	今論帰敬限身業歟		論第1	66－55b	76－103a	0	0	0	0	0	0	0
318	在悪趣中	(全)不可計彼死後断滅	論第6	66－376a	77－743a. 879b	0	0	0	0	0	0	0
319	細意識		論第4	66－262 c	76－537a	0	0	1	0	0	0	1
320	斉識退還	(全)斉識退還観	論第3	66－254b	76－520b	0	0	1	0	0	0	1
321	作意遍行証文		論第5	66－335a	77－687a	0	0	0	0	1	0	1
322	西明七義	(全)雖因与果有倶不倶事	論第2	66－168b	76－342b	0	0	0	0	0	0	0
323	西明定果色		論第1	66－122b	76－245a	0	0	0	0	0	0	0
324	西明定所変色	(全)西明欲界為質五塵	論第2	66－190 c	76－389b	0	0	0	0	0	0	0
325	西明二障体	(全)二障体 (大)(仏)には同名論題あり	論第1	66－66a	76－126b	0	0	0	0	0	0	0

	大正科文 （　）は推定科文名	科文その他	本論巻	大　正	仏　全	興福寺	東大寺	南都論	無為信	薬師寺	龍大短	短縮合計
326	西明二障体	(全)二障体 (大)(仏)には同名論題あり	論第9	66－532a	77－1204a	0	0	0	0	0	0	0
327	薩伽耶言	(全)多処唯言有我見故	論第4	66－289a	76－592a	0	0	0	0	0	0	0
328	薩婆多立一期四相歟		論第2	66－136a	76－272b	0	0	0	0	0	0	0
329	三界唯心		論第7	66－421b	77－974b	0	0	0	0	0	0	0
330	慚愧倶起	(薬)慙悔倶起	論第6	66－342 c	77－ 701b . 808a	10	0	1	0	5	0	16
331	三解脱門十六行相相摂		論第8	66－515 c	77－1169b	0	0	0	0	0	0	0
332	三賢菩薩	(全)資糧菩薩伏倶生惑歟麁	論第10	66－557b	77－1255b	0	0	0	0	0	0	0
333	三業遍不遍行		論第4	66－265a	76－538b	0	0	0	0	0	0	0
334	三獣渡水	(興)同学抄1部あり(薬)同学抄等3部あり	論第1	66－ 6a . 15a	76－19a	5	0	1	0	8	0	14
335	三性倶転		論第5	66－324a	77－664b	0	0	0	0	0	0	0
336	三性三無性前後		論第9	66－517a	77－1172b	0	0	0	1	0	0	1
337	三性四義		論第8	66－514a	77－1165b	0	0	0	0	0	0	0
338	三乗種姓不定人有永留二乗地類歟	(大)談義あり	論第1	66－45b	76－81a	0	0	0	0	0	0	0
339	三乗将得	(全)二乗断第七相応惑歟	論第10	66－559a	77－1259a	11	0	2	0	7	0	20
340	三性真如	(全)三性真如離繫. (南)尋思通要等2部あり	論第8	66－467 c	77－1070b	0	0	10	0	6	0	16
341	三身成道		論第10	66－589b	77－1321b	0	1	0	0	0	0	1
342	三心能化大小	(全)入住出三心能化有大小歟	論第10	66－592 c	77－1328b	0	0	0	0	0	0	0
343	三相体相		論第2	66－154a	76－311a	0	0	0	0	0	0	0
344	三念住亦爾	(全)若爾即三念住	論第6	66－343 c	77－702a. 809b	0	0	0	0	0	0	0
345	三法起十六	(無)三法起. (南)本文抄1部あり	論第7	66－413b	77－957b	0	1	7	1	2	0	11
346	三量並否	(全)三量並不	論第2	66－182a	76－375b	0	0	0	0	1	0	1
347	三輪安立	(全)風水金. (南)本文抄等2部あり	論第4	66－274b	76－562b	0	0	9	0	1	0	10
348	三類境見分境歟	(全)三類境通後二分境歟	論第1	66－85a	76－165a	0	0	0	0	0	0	0
349	三論諸師	(全)三論諸師多為此解	論第10	66－580 c	77－1304a	0	0	0	0	0	0	0
350	此為所蔵		論第3	66－220b	76－449a	0	0	0	0	0	0	0

	大正科文 (　)は推定科文名	科文その他	本論巻	大　正	仏　全	興福寺	東大寺	南都論	無為信	薬師寺	龍大短	短縮合計
351	四有為相	(薬)有為四相	論第2	66－132b	76－266b	0	0	0	0	1	0	1
352	而有処言		論第6	66－392c	77－782a.915b	0	0	0	0	0	0	0
353	此応復待余	(大)(仏)には同名論題あり	論第5	66－335c	77－689a	0	0	0	0	0	0	0
354	此応復待余	(大)(仏)には同名論題あり	論第6	66－345c	77－705a.814a	0	0	0	0	0	0	0
355	此界依光明等立名等歟	(全)依光明立名等歟	論第2	66－141a	76－283a	0	0	0	0	0	0	0
356	至果倶有	(全)世親即通事	論第2	66－168b	76－341b	0	0	0	0	0	0	0
357	直往迂回	(全)地前所起生空無漏	論第9	66－552c	77－1247b	0	0	0	0	0	0	0
358	直往菩薩得二涅槃歟	(全)直往菩薩入地已去得有余涅槃歟	論第10	66－572c	77－1287b	0	0	0	0	0	0	0
359	色界報色		論第2	66－192a	76－392a	0	0	0	0	0	0	0
360	色根現量		論第2	66－140a	76－281a	0	0	0	0	0	0	0
361	識食体	(興)職生時非食之時可有哉(全)識食通種子歟	論第4	66－260b	76－533a	1	0	1	0	0	0	2
362	識支体		論第8	66－480a	77－1097b	0	0	0	0	0	0	0
363	識上色功能		論第1	66－119c	76－240a	0	0	0	0	0	0	0
364	此義雖勝	(全)然稍難知(南)此義雖勝	論第8	66－474a	77－1084a	7	0	19	1	0	1	28
365	色法等無間縁	(南)文集1部あり	論第4	66－286a	76－586b	0	0	7	0	0	0	7
366	此拠異生		論第10	66－556c	77－1254b	0	0	0	0	0	0	0
367	此拠人執為論	(全)此拠人執為論等事	論第6	66－396b	77－789b.923a	0	0	0	0	0	0	0
368	自具大造		論第1	66－119a	76－238a	0	0	0	0	0	0	0
369	此解違下		論第8	66－492a	77－1120b	0	0	1	0	0	0	1
370	示現依止住食	(全)対法示現依止住食	論第4	66－261b	76－535b	0	0	0	0	0	0	0
371	事簡体多	(南)(興)本文抄1部あり(薬)論第2にあり	論第3	66－204a	76－413b	1	0	10	0	4	0	15
372	似現量比量歟		論第2	66－143c	76－288a	0	0	1	0	0	0	1
373	此拠異生		論第1	66－108b	76－215a	0	0	0	0	0	0	0
374	此言生者是生有非	(全)生般涅槃	論第1	66－79b	76－150b	0	0	0	0	0	0	0
375	思食体	(全)意思食唯第六歟	論第4	66－259a	76－530b	0	0	0	0	1	0	1
376	持種証	(大)科段あり	論第3	66－238c	76－489a	0	0	0	0	0	0	0
377	四生闕滅	(全)声聞決択分廻趣人修得独専解説分歟	論第10	66－562b	77－1266a	0	0	0	0	0	0	0

	大正科文 (　)は推定科文名	科文その他	本論巻	大　正	仏　全	興福寺	東大寺	南都論	無為信	薬師寺	龍大短	短縮合計
378	自性散動十五界有漏義教		論第6	66－354a	77－831b	0	0	0	0	0	0	0
379	自乗相引	(全)三乗相望可有引発引耶	論第8	66－464b	77－1064a	0	0	0	0	0	0	0
380	此生等流		論第7	66－433 c	77－1001b	0	0	0	0	0	0	0
381	自性放法	(全)放法自性所縁	論第9	66－545 c	77－1232b	0	0	0	0	0	0	0
382	自性無記法		論第3	66－206a	76－418a	0	0	0	0	0	0	0
383	之所集記	(全)之所集記故名為心	論第3	66－239 c	76－491a	0	0	0	0	0	0	0
384	思所成恵	(全)五識有思所成恵歟	論第5	66－326b	77－669b	0	0	0	0	0	0	0
385	四尋思観	(興)四尋思観(全)尋思観通地上歟	論第9	66－538b	77－1217a	3	0	2	2	5	0	12
386	思心所起推度用	(全)思心所起推度用歟	論第7	66－406b	77－941b	0	0	0	0	0	0	0
387	此世他世不利益菩薩可有耶	(全)此世他世不利益菩薩	論第1	66－63 c	76－120a	0	0	0	0	0	0	0
388	此設許之		論第2	66－163b	76－330a	0	0	0	0	0	0	0
389	此説自性	(全)布施等三種助伴体	論第9	66－551a	77－1244a	0	0	0	0	0	0	0
390	地前三十心斉等歟	(全)地前三十心斉等	論第9	66－529 c	77－1198b	0	0	0	0	0	0	0
391	此即勝軍		論第2	66－170a	76－345b	0	0	0	0	0	0	0
392	此則是嗔	(全)忿心所無漏羅	論第6	66－401a	77－794a.932b	0	0	0	0	0	0	0
393	此則唯法		論第1	66－24 c	76－38a	0	0	0	0	0	0	0
394	此但挙一	(興)愚草等2部あり	論第6	66－392a	77－914a	8	0	1	0	0	0	9
395	七有漏地	(南)(薬)七有漏時	論第4	66－269b	76－552a	0	0	3	0	3	0	6
396	四地永伏		論第1	66－66 c	76－128a	0	0	0	0	0	0	0
397	四智倶現		論第10	66－588 c	77－1321a	0	0	0	0	8	0	8
398	事智間断	(全)成所作智有間断時歟 (東)尋思抄1部あり	論第10	66－578 c	77－1300a	0	0	0	0	0	0	0
399	七根能入	(全)七根入無色事	論第7	66－455a	77－1046b	0	0	0	0	0	0	0
400	七断滅論増損		論第6	66－376b	77－880a	0	0	0	0	0	0	0
401	此中有行相		論第2	66－181b	76－371b	0	0	0	0	0	0	0
402	此中約全		論第3	66－228a	76－466b	0	0	0	0	0	0	0
403	此通倶生分別	(全)此通倶生	論第6	66－383b	77－758a.895b	6	0	0	0	1	0	7
404	実是法執		論第1	66－106a	76－210a	0	0	7	1	0	0	8
405	四倒体不取邪見	(全)四倒自性体	論第6	66－362a	77－ 732b .862b	0	0	0	0	0	0	0

	大正科文 （　）は推定科文名	科文その他	本論巻	大　正	仏　全	興福寺	東大寺	南都論	無為信	薬師寺	龍大短	短縮合計
406	此等在後		論第 3	66－220 c	76－450a	0	0	0	0	0	0	0
407	慈等勝故	(全)悲通散故	論第 7	66－416a	77－963a	0	0	1	0	1	0	2
408	次難陀等	(全)次難陀等無量論師	論第 3	66－252 c	76－516a	0	0	0	0	0	0	0
409	此吠世難		論第 2	66－149b	76－300b	0	0	0	0	0	0	0
410	此非正証	(全)最初生起証	論第 3	66－239a	76－489b	0	0	0	0	0	0	0
411	而不明利	(全)有頂無漏摂三無漏根歟	論第 7	66－455b	77－1047a	0	0	0	0	0	0	0
412	思分位故		論第 4	66－263 c	76－541b	0	0	0	0	0	0	0
413	四分建立量		論第 2	66－183 c	76－376a	0	0	0	0	0	0	0
414	似彼妄情	(全)妄情前現我法相歟	論第 1	66－102b	76－200b	0	0	0	0	0	0	0
415	至無学位		論第10	66－577b	77－1297a	0	0	0	0	0	0	0
416	四無記同別種		論第 2	66－173b	76－352b	0	0	0	0	0	0	0
417	釈迦超劫	(全)釈迦超劫大中	論第 9	66－530b	77－1199b	0	0	0	0	0	0	0
418	釈迦弥勒成仏前後		論第10	66－593 c	77－1330b	0	0	0	0	0	0	0
419	事亦有疑		論第 4	66－294b	76－603a	0	0	0	0	0	0	0
420	寂静解脱体	(全)文正証故	論第 7	66－420a	77－971a	0	0	0	0	0	0	0
421	邪見中辺無辺苦滅断	(全)邪見中辺無辺若断滅	論第 6	66－378b	77－884b	0	0	0	0	0	0	0
422	且挍凡夫	(全)此約異生	論第 4	66－285b	76－585b	0	0	0	0	0	0	0
423	遮薩婆多		論第 2	66－172a	76－349b	0	0	0	0	0	0	0
424	且就有体	(興)且就有体 (興)尋思通要１部あり	論第 6	66－341b	77－ 698b．804b	2	0	0	0	2	0	4
425	且准論文		論第 2	66－152 c	76－308a	0	0	0	0	0	0	0
426	捨不放逸倶起		論第 6	66－346a	77－ 706b．814b	0	0	3	0	0	0	3
427	且約影顕		論第 6	66－344a	77－810b	0	0	0	0	0	0	0
428	士用依処得異熟果歟	(全)依士用依処得異熟果歟	論第 8	66－468a	77－1071a	0	0	0	0	0	0	0
429	士用依処得士用果	(全)士用依処中有不得士用者歟	論第 8	66－470b	77－1076b	0	0	0	0	0	0	0
430	十王華報		論第 7	66－437 c	77－1010b	0	0	0	0	1	0	1
431	住地言		論第 8	66－497a	77－1131a	0	0	0	0	0	0	0
432	執受五因		論第 3	66－252a	76－515b	0	0	0	0	0	0	0
433	住出以後長時而説	(全)住出以後	論第 3	66－214 c	76－437a	0	0	0	0	0	0	0
434	習所成種姓		論第 9	66－524a	77－1187b	5	0	0	0	5	0	10

	大正科文 ( )は推定科文名	科文その他	本論巻	大　正	仏　全	興福寺	東大寺	南都論	無為信	薬師寺	龍大短	短縮合計
435	十支論取摂論困明取捨	(全)十支論取摂論除因明事	論第1	66－53c	76－100a	0	0	0	0	0	0	0
436	十真如	(全)十真如段 (大)目次には以無少法とある	論第10	66－565c	77－1274b	0	0	0	0	0	0	0
437	従真如所縁縁	(全)真如所縁縁	論第2	66－158a	76－319a	0	0	0	0	0	0	0
438	十信菩薩現八相歟		論第9	66－527b	77－1194a	0	0	0	0	0	0	0
439	十力自性体		論第9	66－536c	77－1213a	0	0	0	0	0	0	0
440	十二有支	(全)十二有支段 (全)科段・私云あり	論第8	66－479b	77－1095b	0	0	0	0	0	0	0
441	従余相分		論第2	66－156c	76－316a	0	0	0	0	1	0	1
442	十楽捨倶		論第8	66－493c	77－1124a	0	0	1	0	0	0	1
443	十六会般若	(全)十六会般若第二時歟	論第1	66－4a. 11c	76－12b	0	0	0	0	0	0	0
444	不応異地心	(全)不応異地心熏成等事	論第5	66－325c	77－667b	0	0	0	0	0	0	0
445	宿命知不会更	(全)宿命知不会受	論第2	66－181a	76－370b	0	0	0	0	0	0	0
446	受者識体		論第8	66－506b	77－1151a	0	0	0	0	0	0	0
447	取自所縁	(全)取自所縁者指識自境	論第4	66－280c	76－575b	0	0	0	0	0	0	0
448	衆生界増減		論第1	66－27b	76－44b	0	0	0	0	0	0	0
449	種生芽等		論第4	66－271b	76－557a	0	0	0	0	0	0	0
450	衆生心二性	(全)四分教証	論第2	66－183a	76－375a	0	0	0	0	0	0	0
451	趣生体王所	(全)趣生体限第八心王歟	論第3	66－251a	76－513b	0	0	0	0	0	0	0
452	衆生平等		論第10	66－575a	77－1293a	0	0	1	0	0	0	1
453	受想思意遍行	(全)大乗意受想思三心所遍行歟	論第4	66－265a	76－539a	0	0	0	0	0	0	0
454	衆多別相		論第5	66－327b	77－671a	0	0	0	0	0	0	0
455	種通情本		論第1	66－93a	76－181a	0	0	0	0	0	0	0
456	出世道摂	(全)不退菩薩聖道等之位何摂耶	論第5	66－301b	77－617a	0	0	0	0	0	0	0
457	出世末那	(全)出世末那経説有故	論第5	66－303a	77－620a	0	0	0	0	0	0	0
458	修必不退		論第3	66－212a	76－431b	0	0	0	0	0	0	0
459	種望種子		論第4	66－270c	76－555b	0	0	0	0	0	0	0
460	准有釈有		論第9	66－542b	77－1226a	0	0	0	0	0	0	0
461	准小乗説		論第1	66－110b	76－219b	0	0	0	0	0	0	0
462	准彼本計	(薬)唯彼本計 (南)文字1部あり	論第8	66－504c	77－1149b	0	0	8	0	1	0	9

	大正科文 （　）は推定科文名	科文その他	本論巻	大　正	仏　全	興福寺	東大寺	南都論	無為信	薬師寺	龍大短	短縮合計
463	准瑜伽説	(全)有宗部行断惑准瑜伽	論第10	66－563 c	77－1268b	0	0	0	0	0	0	0
464	正位有漏善	(興)有漏善(全)正位漏善(南)(無)正位有漏善不成	論第 8	66－467a	77－1069b	1	0	1	1	1	1	5
465	勝為義有財釈	(全)四種勝義(薬)四重勝義	論第 9	66－520 c	77－1179b	0	0	0	0	2	0	2
466	生因闕故	(全)今取前解無防	論第 2	66－189 c	76－387b	0	0	0	0	1	0	1
467	生引同時		論第 8	66－485b	76－1107b	0	0	0	0	0	0	0
468	正因等相	(薬)正因尊相	論第 5	66－335a	76－687b	0	0	0	0	3	0	3
469	生引二因	(全)識種望名色名引因歟	論第 2	66－174b	76－354a	0	0	0	0	0	0	0
470	聖応変穢難	(全)二乗聖者変総趣器歟	論第 2	66－185 c	76－379a. 380a	0	0	0	0	0	0	0
471	証果廻心	(無)般若法華先後事(興)愚草等 3 部あり(薬)愚草 2 部あり	論第 1	66－1a.　7 c	76－2a	11	1	1	5	16	0	34
472	定学唯無漏	(薬)定学無漏．定学唯□事	論第 9	66－552bc	77－1246a	0	0	1	0	3	0	4
473	定果変段食	(無)定果変位食．定果変帰食事	論第 4	66－256b	76－525a	0	0	1	2	1	0	4
474	正義意例相応門歟		論第 3	66－208a	76－423a	0	0	0	0	0	0	0
475	摂義帰名		論第 1	66－50a	76－92b	0	0	0	0	0	0	0
476	生起即麁細		論第 9	66－551b	77－1244b	0	0	7	0	1	0	8
477	勝義無記	(全)識変依如事	論第 3	66－205a	76－416a. 417a	0	0	0	0	0	0	0
478	勝軍比量	(東)勝軍比量改因	論第 3	66－230b	76－472a	1	1	0	0	0	0	2
479	上下傍布辺無辺	(全)上下傍布有辺無辺	論第 6	66－378a	77－748a. 884a	0	0	0	0	0	0	0
480	摂五句尽	(全)則能二精進	論第 9	66－550 c	77－1243a	0	0	0	0	0	0	0
481	摂挙散乱相応歟		論第 6	66－400a	77－797a. 930b	0	0	0	0	5	0	5
482	聖後超一果		論第10	66－560b	77－1262b	0	0	0	0	0	0	0
483	掉挙別体量		論第 6	66－399b	77－　800b．929b	0	0	0	0	0	0	0
484	生言諍		論第 9	66－518b	77－1175a	0	0	0	0	0	0	0
485	荘厳畢竟		論第 1	66－42a	76－73a	0	0	0	0	0	0	0
486	荘厳不定	(全)荘厳論説不定性歟	論第 1	66－27a	76－43b	0	0	0	0	0	0	0
487	荘厳本頌		論第 1	66－53 c	76－99b	0	0	0	0	0	0	0

	大正科文 （　）は推定科文名	科文その他	本論巻	大　正	仏　全	興福寺	東大寺	南都論	無為信	薬師寺	龍大短	短縮合計
488	荘厳本頌		論第3	66－233a	76－476a	0	0	0	0	0	0	0
489	摂在一利那	(興)(薬)構在一利那(興)三祇長時摂一念者(全)許速疾利成道歟(無)摂在利那事	論第9	66－531a	77－1201b	4	0	2	3	10	0	19
490	上座部九心輪		論第3	66－236b	76－482b	0	0	0	0	0	0	0
491	杖自他質	(全)杖自佗質	論第1	66－92a	76－179b	0	0	0	0	0	0	0
492	成事非真	(全)成所作智縁真如歟	論第10	66－579b	77－1302a	0	1	0	0	0	0	1
493	聖者造引業歟	(全)聖者牽引業	論第8	66－491a	77－1118b	0	0	0	0	0	0	0
494	正思惟支	(全)正思惟支自性体	論第7	66－411 c	77－953a	0	0	0	0	0	0	0
495	成就七宝	(興)成就七宝事	論第1	66－127 c	76－255b	2	1	0	7	3	0	13
496	定障伏断	(全)定障事	論第1	66－111a	76－220b	0	0	0	0	0	0	0
497	清浄依止住食	(大)目次にのみあり	論第4	－	－	0	0	0	0	0	0	0
498	勝定果色有処寛遍長養歟		論第1	66－121 c	76－244a	0	0	0	0	0	0	0
499	自性清浄心	(全)勝鬘自性清浄心	論第2	66－165b	76－334a	0	0	0	0	0	0	0
500	聖性所依	(全)聖性無漏種上立之歟(南)口性所依	論第9	66－549 c	77－1241a	0	0	10	3	0	0	13
501	清浄相違因事	(無)浄清相違因	論第8	66－470 c	77－1077a	0	0	0	1	0	0	1
502	清浄増上意楽行	(全)五種補特伽羅次位	論第9	66－528 c	77－1196a	0	0	0	0	0	0	0
503	性浄涅槃	(全)性浄涅槃体	論第10	66－571 c	77－1286a	0	0	0	0	0	0	0
504	定性比量		論第1	66－38 c	76－66a	0	0	0	5	0	0	5
505	成所作事修	(全)対法依止自在修	論第9	66－551 c	77－1245a	0	0	0	0	0	0	0
506	生心応慮	(全)生心応慮根起初識	論第1	66－101b	76－196b	0	0	0	0	0	0	0
507	定世破邪門	(全)定世破邪	論第8	66－488 c	77－1114a	0	0	0	0	0	0	0
508	摂相帰識		論第1	66－49 c	76－91a	0	0	0	0	0	0	0
509	小想無量想依地	(全)小想無量想他地	論第6	66－373b	77－741a.874a	0	0	0	0	0	0	0
510	証大覚故	(全)是余所説	論第3	66－235a	76－480a.481a	0	0	0	0	0	0	0
511	少諦多諦		論第6	66－402a	77－796a.934b	0	0	0	0	0	0	0
512	性単令作		論第3	66－203b	76－412b	0	0	0	0	0	0	0
513	上地起下地	(全)上地起下通歟	論第2	66－187 c	76－383a	0	0	0	0	0	0	0
514	浄智所行真実	(全)煩悩障浄智所行真実	論第8	66－513a	77－1154a	0	0	0	0	0	0	0
515	上地不造		論第1	66－63a	76－118b	0	0	0	0	0	0	0

	大正科文 （　）は推定科文名	科文その他	本論巻	大　正	仏　全	興福寺	東大寺	南都論	無為信	薬師寺	龍大短	短縮合計
516	定中身識起不起	(全)定中身識起否	論第5	66－325a	77－666a	0	0	0	0	0	0	0
517	定通無差	(全)通力由前加行思惟	論第2	66－191a	76－390a	0	0	0	0	6	0	6
518	生天後報業	(全)生天後報 (薬)愚草等2部あり	論第4	66－267b	76－547a	0	0	1	0	5	0	6
519	定道二戒現行意歟	(全)定道二戒現行立歟	論第2	66－138 c	76－278a	0	0	0	0	0	0	0
520	証得勝義	(全)証得勝義体	論第9	66－520 c	77－1179b	0	0	0	3	0	0	3
521	生得善		論第3	66－249a	76－508b	0	0	0	0	2	0	2
522	上貪不定		論第7	66－417a	77－965a	0	0	0	0	0	0	0
523	正念知有三対治耶		論第6	66－350a	77－823a	0	0	0	0	0	0	0
524	正念知有無痴哉	(全)翻入別境	論第6	66－348a	77－709a. 819a	0	0	0	0	0	0	0
525	定能令心	(全)第八識与定心所相応歟	論第3	66－204b	76－415a	0	0	1	0	0	0	1
526	声非異熟	(全)声塵通業感歟	論第3	66－247b	76－506a	0	0	0	0	0	0	0
527	清弁比量		論第3	66－243b	76－499a	0	0	0	0	0	0	0
528	勝鬘四乗		論第1	66－36 c	76－79b	0	0	0	0	0	0	0
529	証無垢識		論第3	66－220b	76－449b	0	0	0	0	0	0	0
530	摂妄帰真		論第1	66－49b	76－90b	0	0	0	1	0	0	1
531	正量部心心所刹那滅歟	(全)正量部刹那滅	論第1	66－123 c	76－247b	0	0	0	0	0	0	0
532	摂論因相		論第2	66－155b	76－313a	0	0	0	0	0	0	0
533	摂論自性身		論第10	66－588a	77－1319a	0	0	0	0	0	0	0
534	摂論十義		論第1	66－35a	76－61a	0	0	0	0	0	0	0
535	勝論師立五根五識歟	(全)勝論立五根五識歟	論第1	66－114 c	76－227a	0	0	0	0	0	0	0
536	諸会真浄究竟理		論第1	66－58b	76－109a	0	0	0	0	0	0	0
537	所依門	(全)依是不共依	論第4	66－286 c	76－588a	0	0	0	0	0	0	0
538	所縁事不同	(薬)ロ縁事不同	論第5	66－327 c	77－672a	0	0	0	0	1	0	1
539	初往土浄穢		論第7	66－441a	77－1017a	0	0	0	0	0	0	0
540	初果雖除常我二倒	(全)初果雖除	論第1	66－63 c	76－120b	0	0	0	0	0	0	0
541	諸過相相配論文事	(大)目次にはなし	論第2	66－134b	76－269a	0	0	0	0	0	0	0
542	初起五識		論第5	66－326a	77－668a	0	0	0	0	0	0	0
543	叙経部義		論第3	66－198 c	76－403a	0	0	0	0	7	0	7
544	初劫満已	(全)初劫満已等	論第9	66－528 c	77－1196b	0	0	0	0	0	0	0
545	諸根互用		論第5	66－320b	77－657a	0	0	2	0	0	0	2
546	諸根相好		論第10	66－591 c	77－1327a	0	0	1	0	0	0	1

	大正科文 ( )は推定科文名	科文その他	本論巻	大　正	仏　全	興福寺	東大寺	南都論	無為信	薬師寺	龍大短	短縮合計
547	初地以往	(全)分段身菩薩生他受用土歟	論第10	66－585b	77－1314a	0	0	0	0	0	0	0
548	初地事地起師	(全)全剛心起円鏡智師与初地起成事智師同歟	論第10	66－578b	77－1299b	0	0	0	0	0	0	0
549	所取他境		論第 5	66－319 c	77－655b	0	0	0	0	0	0	0
550	諸処境識		論第10	66－579a	77－1301a	0	0	0	0	0	0	0
551	処処不定	(全)処所不定	論第 7	66－439 c	77－1014b	0	0	0	4	3	0	7
552	初禅器等		論第 2	66－192 c	76－393b	4	0	0	0	0	0	4
553	除総縁行相		論第 6	66－391b	77－781a. 913a	0	0	0	0	0	0	0
554	諸相応法		論第 3	66－207a	76－421a	0	0	4	0	0	0	4
555	諸麁観事	(全)又諸教唯説	論第 9	66－544a	77－1229a	0	0	0	0	0	0	0
556	初対外道等		論第 1	66－15b	76－20b	0	0	0	0	0	0	0
557	所知依証文	(全)所知依事	論第 3	66－220a	76－448b	0	0	0	0	5	0	5
558	所知障所嗔	(全)所知障所摂嗔性(南)所知障嗔	論第 9	66－533b	77－1206b	0	0	0	0	0	0	0
559	所知障品数		論第 9	66－535a	77－1201a	0	0	0	0	0	0	0
560	所知得名	(全)所知依事	論第 3	66－219 c	76－447b	0	0	0	0	0	0	0
561	初得定生九		論第 7	66－444b	77－1024a	0	0	0	0	0	0	0
562	初二果廻心依未至受変易歟	(全)廻心後受変易依未至歟	論第 8	66－500 c	77－1138b	0	0	0	0	0	0	0
563	諸仏七勧		論第 3	66－213a	76－433b	0	0	0	1	0	0	1
564	諸法従縁生	(全)舎利弗聞半偈証初果歟	論第 1	66－64b	76－122a	0	0	0	0	0	0	0
565	除懶惰意	(全)懈怠心体性	論第 6	66－399 c	77－ 799b . 930a	0	0	0	0	0	0	0
566	所立宗因	(興)所立宗因比量	論第 5	66－304 c	77－623a	1	0	0	0	0	0	1
567	諸論不説	(全)他人不了諸論不説	論第 1	66－60 c	76－114a	0	0	0	0	0	0	0
568	而濫第二		論第 9	66－520a	77－1178b	0	0	0	0	0	0	0
569	資糧菩薩現八相歟	(全)資糧菩薩現八相限不退類歟	論第 9	66－527 c	77－1194a	0	0	0	0	0	0	0
570	自類相生	(全)自類相生因縁	論第 2	66－162b	76－328a	0	1	0	0	0	0	1
571	自類名種	(全)自類相生名種子歟	論第 2	66－171 c	76－349a	0	0	1	0	0	0	1
572	此論所依		論第 1	66－56b	76－105a	0	0	0	0	0	0	0
573	身行四縁者		論第 4	66－264 c	76－541b	0	0	0	0	0	0	0
574	信解見至		論第 1	66－77b	76－148a	0	0	0	0	0	0	0

	大正科文 (　)は推定科文名	科文その他	本論巻	大　正	仏　全	興福寺	東大寺	南都論	無為信	薬師寺	龍大短	短縮合計
575	親光等言		論第10	66－581a	77－1305a	0	0	0	0	0	0	0
576	尋伺地生起因		論第8	66－461a	77－1058a	0	0	0	3	0	0	3
577	准此即似		論第7	66－414b	77－959a	0	0	0	0	0	0	0
578	身者識体		論第8	66－506b	77－1150b	0	0	0	0	0	0	0
579	親者即近		論第8	66－457c	77－1051a	3	0	1	0	0	0	4
580	心清浄故		論第4	66－266c	76－546a	1	0	5	0	3	0	9
581	心所所縁独影境	(全)第八相応五数心所所変性境歟	論第1	66－87b	76－170b	0	0	0	0	0	0	0
582	新所得法	(全)三通縁三現行得法歟	論第8	66－474b	77－1084b	0	0	0	0	0	0	0
583	心心所有変異等流歟		論第1	66－120c	76－242a	0	0	0	0	0	0	0
584	心心所法有処寛遍歟	(全)心所有処寛遍長養歟	論第1	66－120c	76－241b	0	0	0	0	0	0	0
585	真全後一分		論第9	66－548b	77－1238a	0	0	0	0	0	0	0
586	因相頼耶業種	(全)因相業種	論第2	66－156a	76－315b	0	0	0	0	0	0	0
587	真俗合観		論第5	66－332c	77－682b	2	0	1	0	2	0	5
588	准知此倶		論第7	66－412a	77－954a	0	0	0	0	0	0	0
589	真智平等		論第1	66－67c	76－131b	0	0	0	0	0	0	0
590	心倒自性体		論第6	66－361c	77－847b	0	0	0	0	0	0	0
591	真如受熏		論第2	66－175a	76－356a	0	0	0	0	0	0	0
592	真如無為仮実		論第2	66－145b	76－291a	0	0	1	1	0	0	2
593	心変似我	(全)心変似我法同分摂事	論第1	66－104b	76－206b	0	0	0	0	0	0	0
594	身辺無事余有事		論第6	66－397a	77－924a	0	0	0	0	0	0	0
595	真報主		論第3	66－246c	76－505b	0	0	0	0	0	0	0
596	深密異訳		論第3	66－227c	76－465b	0	0	0	0	0	0	0
597	深密三時	(南)愚草1部あり	論第1	66－ 3a．10a	76－9a	0	0	6	0	0	0	6
598	嗔唯別縁		論第6	66－393a	77－ 782b．916a	0	0	0	0	0	0	0
599	真理一多	(興)理一多．以一為本伝．一異均平伝(薬)理ノ一多	論第2	66－144b	76－289a	14	0	0	0	3	0	17
600	遂以無漏		論第8	66－500b	77－1138a	0	0	0	0	0	0	0
601	雖有此理	(全)三心相見道名安立歟(南)文集1部あり	論第9	66－543a	77－1227a	5	0	10	1	0	0	16
602	雖依生空		論第3	66－214a	76－436a	0	0	0	0	0	1	1
603	雖縁真如		論第2	66－183b	76－375b	0	0	0	0	0	0	0

	大正科文 (　)は推定科文名	科文その他	本論巻	大　正	仏　全	興福寺	東大寺	南都論	無為信	薬師寺	龍大短	短縮合計
604	雖境違順	(興)答雖第八識縁違順境 (薬)文集1部あり	論第3	66－204a	76－414a	1	0	0	0	20	0	21
605	推功帰本	(無)推切皈本事	論第1	66－50b	76－93a	0	0	0	2	0	0	2
606	雖見色身		論第6	66－376 c	77－745a. 881a	0	0	0	0	0	0	0
607	雖作青解	(薬)雖作青解	論第2	66－150b	76－302b	0	0	0	0	1	0	1
608	雖思分位		論第3	66－200a	76－406a	0	0	0	0	1	0	1
609	随信随法	(興)随信随法ヲ候之条	論第1	66－77 c	76－146b	6	0	0	0	0	0	6
610	雖総言断		論第1	66－56a	76－104a	0	0	0	0	0	0	0
611	准対法論	(全)論説末那	論第4	66－288b	76－590b	0	0	0	0	0	0	0
612	随他相説	(全)総十六心随他相説	論第7	66－452a	77－1040a	0	0	0	0	0	0	0
613	雖知極劣	(薬)雖知極□事	論第6	66－359 c	77－ 730b . 843b	0	0	0	0	1	0	1
614	雖知趣疾		論第7	66－445 c	77－1026b	0	1	0	0	3	0	4
615	雖復発心		論第1	66－41b	76－71a	0	0	0	0	0	0	0
616	雖報恩経		論第1	66－57a	76－106a	0	0	0	0	0	0	0
617	随未登地	(全)四善根能化変化身摂歟	論第10	66－587 c	77－1319a	0	0	0	0	0	0	0
618	雖名通定果		論第4	66－256 c	76－525b	0	0	0	0	0	0	0
619	数総行相		論第6	66－394b	77－ 787b . 919a	0	0	0	0	0	0	0
620	数論思我		論第1	66－105 c	76－209b	0	0	0	0	0	0	0
621	世界既差		論第2	66－140 c	76－282b	0	0	0	0	0	0	0
622	世親雖是		論第1	66－56 c	76－105b	2	0	0	0	0	0	2
623	是世間出故	(全)是出世間	論第1	66－72a	76－136b	0	0	0	0	0	0	0
624	世俗門八識	(全)清弁世俗門八識 (薬)愚草1部あり	論第3	66－246b	76－504a	10	0	0	0	3	0	13
625	是帯已相		論第7	66－446b	77－1029a	0	0	0	0	0	0	0
626	設廻趣者		論第2	66－164a	76－332a	0	0	0	0	0	0	0
627	設兼引大		論第4	66－264b	76－540b	0	0	0	0	0	0	0
628	雪山同彼		論第7	66－413 c	77－958a	0	0	0	0	0	0	0
629	雪山部五時		論第1	66－ 6 c . 16b	76－21b	0	0	0	0	0	0	0
630	説十非経		論第5	66－336b	77－690a	0	0	1	0	0	0	1
631	説如薬草		論第1	66－21b	76－31b	0	0	0	0	0	0	0

	大正科文 (　)は推定科文名	科文その他	本論巻	大　正	仏　全	興福寺	東大寺	南都論	無為信	薬師寺	龍大短	短縮合計
632	是貪総別	(全)是貪総別三世境故	論第3	66－236c	76－483b	0	0	0	0	2	0	2
633	是仏菩薩之所化作	(全)是仏菩薩	論第1	66－63a	76－119a	0	0	0	0	0	0	0
634	是別非遍	(全)思之行相是別非遍	論第3	66－203c	76－413a	0	0	0	0	0	0	0
635	世友問論		論第4	66－263a	76－542b	0	0	1	0	0	0	1
636	漸悟自在宮欲界繋歟		論第7	66－442a	77－1019a	0	0	0	0	0	0	0
637	漸悟悲増		論第8	66－497b	77－1132a	1	0	12	0	0	0	13
638	前三無記	(全)有人前三無記 (大)には同名論題あり	論第1	66－52b	76－97b	0	0	0	0	0	0	0
639	前三無記	(大)には同名論題あり	論第4	66－282a	76－579b	0	0	1	0	0	0	1
640	前師解好		論第7	66－445b	77－1026a	0	0	1	0	0	0	1
641	前師見等	(全)前師見道	論第5	66－314b	77－644a	0	0	0	0	0	0	0
642	染浄証	(全)染浄証段 (大)談義のみ	論第4	66－266a	76－544b	0	0	0	0	0	0	0
643	善逝善説妙三身		論第1	66－57b	76－107a	0	0	0	0	0	0	0
644	前未破故		論第2	66－136c	76－274b	0	0	0	0	0	0	0
645	全無分無	(全)無別心所計	論第1	66－70b	76－134b	0	0	0	0	0	0	0
646	浅喩深喩		論第5	66－309b	77－634a	0	0	0	0	2	0	2
647	相違識相智		論第7	66－422c	77－976b	0	0	0	0	0	0	0
648	相違釈		論第1	66－52c	76－97b	0	0	0	1	0	0	1
649	増一阿含大衆部経歟		論第3	66－236c	76－483a	0	0	0	0	0	0	0
650	雑引生体		論第10	66－595a	77－1333a	0	0	0	0	0	0	0
651	相応断体		論第6	66－355c	77－718b．835a	6	0	1	0	5	1	13
652	増我断故		論第1	66－53b	76－99a	0	0	0	0	0	0	0
653	僧祇時量	(全)三祇時量斉等	論第9	66－529b	77－1197b	0	0	0	1	0	0	1
654	相見別種	(全)相見別種是此正義	論第1	66－82a	76－158a	0	0	0	0	0	0	0
655	双取為優	(全)惑依悲願	論第4	66－285b	76－586a	0	0	0	0	0	0	0
656	雑受処異熟楽		論第5	66－333c	77－684b	0	0	0	0	0	0	0
657	増寿変易		論第8	66－501c	77－1140b	0	0	0	0	0	0	0
658	相質種別	(全)相質種別理亦応好	論第1	66－82b	76－159a	0	0	0	0	0	0	0
659	総相相分別有別相相分歟	(全)総別二相沙汰	論第3	66－198b	76－402a	0	0	0	0	0	0	0
660	相縛体	(全)相縛体唯在我執	論第5	66－316c	77－649a	0	0	0	1	0	1	2
661	雑彼煩悩		論第8	66－492b	77－1121b	0	0	1	0	2	0	3
662	相分比量		論第2	66－180c	76－369b	0	0	0	0	0	0	0

	大正科文 （　）は推定科文名	科文その他	本論巻	大　正	仏　全	興福寺	東大寺	南都論	無為信	薬師寺	龍大短	短縮合計
663	総別二相	(全)総相々分外有別相歟	論第5	66－327a	77－670b	0	0	0	0	0	0	0
664	総報業感異趣果歟	(全)但拠総報	論第8	66－476b	77－1088b	0	0	0	0	0	0	0
665	僧法仏次第	(全)有人僧法仏次第	論第1	66－57b	76－106b	0	0	0	0	0	0	0
666	相望四道	(全)必各別起	論第10	66－564b	77－1270a	0	0	0	0	0	0	0
667	雑乱体名色支	(全)或名色種	論第8	66－480b	77－1098a	0	0	0	4	0	0	4
668	即金剛心	(無)則金剛心 (南)本文抄1部あり(薬)同学抄等2部あり	論第5	66－297c	77－609a	0	0	3	1	0	0	4
669	即色究意天摂		論第7	66－441c	77－1018a	0	0	0	0	0	0	0
670	触食体		論第4	66－258a	76－528b	0	0	1	0	1	1	3
671	即除四人	(全)二乗無学摂未転歟	論第4	66－289c	76－593b	0	0	0	0	0	0	0
672	触数実有量	(全)経部意許香味触三塵実体歟	論第3	66－200c	76－407a	0	0	0	0	0	0	0
673	即能引発		論第7	66－415a	77－961a	0	0	0	0	0	0	0
674	即部行中		論第7	66－416b	77－963b	0	0	1	0	3	0	4
675	触別有体量	(興)触別有体	論第3	66－199c	76－405a	2	0	1	0	0	0	3
676	即無前過	(無)即無前遇	論第8	66－473a	77－1082a	0	0	0	1	0	0	1
677	即欲無減	(全)即欲無減事	論第4	66－259a	76－530a	0	0	2	0	2	0	4
678	疏中脱略		論第8	66－469a	77－1073a	0	0	0	0	0	0	0
679	卒爾尋求	(全)卒爾尋求定無間生	論第1	66－51c	76－95b	0	0	0	0	0	0	0
680	卒爾等流多少同時歟	(全)卒爾多等流少	論第5	66－324b	77－665a	0	0	0	0	0	0	0
681	提謂経大小		論第1	66－22c	76－33a	0	0	0	1	0	0	1
682	大海同変		論第2	66－184c	76－377a	0	0	0	0	11	0	11
683	太寛太狭		論第8	66－470a	77－1075b	0	0	0	0	0	0	0
684	体義知不知		論第2	66－146a	76－292b	0	0	1	0	1	0	2
685	体義無別		論第9	66－543c	77－1228a	0	0	2	0	0	0	2
686	体境類境		論第5	66－336a	77－689b	0	0	0	0	0	0	0
687	第九識体	(南)尋思抄1部あり	論第1	66－74b	76－141b	1	0	11	2	0	0	14
688	第三師例幾門		論第3	66－207b	76－422a	0	0	0	0	0	0	0
689	第三禅第六与捨相応歟	(全)第三禅捨受	論第6	66－384c	77－760b．898a	0	0	0	0	0	0	0
690	大自在天等段声皆是常	(全)声皆是常	論第1	66－117b	76－233a	0	0	0	0	0	0	0
691	第四静慮無漏喜楽	(全)第四禅有無漏喜楽歟	論第5	66－334c	77－686b	0	0	0	0	0	0	0
692	第七有相分別	(全)第七識有有相分別歟	論第8	66－504c	77－1147a	0	0	0	0	0	0	0
693	第七定没		論第1	66－40b	76－69b	0	0	0	0	0	0	0

	大正科文 ( )は推定科文名	科文その他	本論巻	大 正	仏 全	興福寺	東大寺	南都論	無為信	薬師寺	龍大短	短縮合計
694	第七別依量		論第 3	66－226 c	76－463b	0	0	0	0	0	0	0
695	第七品数	(興)尋思別要 1 部あり	論第 5	66－301 c	77－617b	0	0	0	0	0	0	0
696	第七与定相応歟	(全)第七識与定倶歟	論第 4	66－292 c	76－600a	0	0	0	0	0	0	0
697	第四分成能熏	(全)証自証分成能熏歟	論第 2	66－178a	76－362a	0	0	0	0	0	0	0
698	第四分能熏	(全)第四分能熏歟	論第 7	66－435 c	77－1006a	0	0	0	0	0	0	0
699	第十是違	(全)前九是順	論第 7	66－450 c	77－1038a	0	0	0	0	9	0	9
700	体性寛狭		論第10	66－556b	77－1254a	2	0	1	0	1	0	4
701	大乗法味		論第 4	66－260a	76－532b	1	0	3	0	5	2	11
702	大乗無超地		論第 2	66－146 c	76－296a	1	0	1	0	12	0	14
703	大慈立不共仏法歟	(全)大慈不共仏法歟	論第10	66－595a	77－1333a	0	0	0	0	0	0	0
704	第二縁字	(全)所縁縁第二字	論第 7	66－447b	77－1031a	0	0	0	1	0	0	1
705	第二観事	(全)非説下上	論第 9	66－544b	77－1230a	0	0	0	0	0	0	0
706	第二時別起断道歟		論第 1	66－17 c	76－24a	0	0	0	0	0	0	0
707	第二定出苦	(薬)第二□出苦事	論第 5	66－296b	77－606a	0	0	0	1	2	0	3
708	第二真実能起人	(全)真実能起人	論第 8	66－513 c	77－1165a	0	0	0	0	0	0	0
709	第八識心名	(全)心名同異	論第 3	66－219a	76－447a	0	0	0	0	0	0	0
710	第八相応心所杖定果本質歟	(全)有漏第八縁定通色相応心所相質歟	論第 1	66－96 c	76－198b	0	0	0	0	0	0	0
711	第八別依量	(全)第八他無何成決定.第八倶有依量	論第 3	66－227b	76－ 464b . 465b	0	0	0	0	0	0	0
712	大悲闡提	(全)大悲闡提成仏不成仏	論第 1	66－27 c	76－45a	1	0	0	4	0	1	6
713	第六三受倶起門	(全)第六受倶門	論第 5	66－328 c	77－674b	0	0	0	0	0	0	0
714	第六唯摂	(全)第六唯摂無分別智	論第 9	66－552a	77－1246a	0	0	0	0	0	0	0
715	第三禅見惑		論第 5	66－331b	77－679b	0	0	0	0	1	0	1
716	多有所作		論第 3	66－234 c	76－479a	0	0	0	0	0	0	0
717	多依天住故		論第 3	66－223 c	76－456a	1	0	0	0	1	0	2
718	多縁諦理		論第 1	66－61 c	76－116b	0	0	0	0	0	0	0
719	他恒転量	(全)第八他恒転量	論第 4	66－277a	76－568a	0	0	0	0	0	0	0
720	堕頂菩薩		論第 9	66－538a	77－1215b	0	0	0	0	0	0	0
721	他方仏土量		論第 2	66－141b	76－284a	6	0	0	1	0	0	7
722	多唯善性		論第 8	66－461 c	77－1059a	0	0	1	0	0	0	1
723	談一一蘊		論第 6	66－362b	77－849b	0	0	0	0	0	0	0
724	但引本経		論第 7	66－411a	77－952a	0	0	0	0	0	0	0
725	但縁蔵識		論第 4	66－289b	76－592b	0	0	0	0	0	0	0

	大正科文 ( )は推定科文名	科文その他	本論巻	大　正	仏　全	興福寺	東大寺	南都論	無為信	薬師寺	龍大短	短縮合計
726	但検文者	(全)検文者誤	論第5	66－338c	77－694b	0	0	0	0	0	0	0
727	但作非想		論第10	66－565a	77－1271b	0	0	0	0	0	0	0
728	但三無数	(全)決定無転数大劫	論第9	66－530a	77－1198b	0	0	0	0	0	0	0
729	断捨門	(大)三師説あり	論第3	66－211a	76－429b	0	0	0	0	0	0	0
730	単生空		論第5	66－307b	77－630a	0	0	0	0	0	0	0
731	但迷一二	(全)以迷二諦惑名総迷歟	論第6	66－396a	77－789a. 922b	0	0	0	0	0	0	0
732	智慧一倍	(興)(全)智恵一倍	論第3	66－216c	76－411b	1	0	7	0	0	0	8
733	地上超劫		論第3	66－215a	76－437b	0	0	0	0	0	0	0
734	中陰経大小	(全)我即安慧 (大)には同名論題あり	論第1	66－63b	76－120a	0	0	0	0	0	0	0
735	中陰経大小	(全)大衆部経 (大)には同名論題あり	論第7	66－442b	77－1020a	0	0	0	0	0	0	0
736	中間観察		論第6	66－388c	77－ 774b. 907a	0	0	0	0	0	0	0
737	超前三果		論第10	66－560c	77－1236a	0	0	0	0	0	0	0
738	超中二果依他	(興)超中二果依地事	論第10	66－560a	77－1261a	3	0	0	0	0	0	3
739	通含五見		論第6	66－360c	77－730a. 845b	0	0	0	0	0	0	0
740	通障二果	(全)応知聖教依勝用説	論第10	66－537c	77－1289b	0	0	0	0	0	0	0
741	通相真如		論第10	66－571b	77－1285a	0	0	0	0	0	0	0
742	通余九号		論第3	66－211b	76－430b	0	0	0	0	0	0	0
743	弟子一意	(薬)尋思抄1部あり	論第10	66－585a	77－1313b	0	0	3	0	1	0	4
744	転換本質	(興)本文抄等2部あり	論第7	66－422c	77－977a	18	0	0	8	13	0	39
745	天眼耳識所縁	(全)天眼耳識縁相離遠境歟	論第1	66－90c	76－177b	0	0	0	0	0	0	0
746	転向余乗		論第10	66－564a	77－1269b	0	0	0	0	0	0	0
747	転斉二釈	(全)転斉転滅二釈事	論第10	66－569c	77－1281a	1	0	0	0	0	0	1
748	転識暫起	(全)(無)有異熟生	論第7	66－414c	77－960a	0	0	0	2	0	0	2
749	転識得智		論第10	66－575b	77－1293b	0	0	0	0	0	0	0
750	転識名限因位歟		論第3	66－221b	76－451b	0	0	0	0	0	0	0
751	転識頼耶	(興)転識□□□□(頼即因縁カ)(全)転識頼耶因縁(興)本文抄等2部あり．良算奥書の抄本ならびに良算の愚草1部あり．	論第2	66－159b	76－322a	16	2	0	0	1	0	19

	大正科文 ( )は推定科文名	科文その他	本論巻	大　正	仏　全	興福寺	東大寺	南都論	無為信	薬師寺	龍大短	短縮合計
752	転生師		論第2	66－170b	76－346a	0	0	0	0	0	0	0
753	顚倒論文	(全)又彼応非	論第4	66－276b	76－566b	0	0	0	0	0	0	0
754	等引定通有心無心	(全)等引定通有心無心歟	論第5	66－338b	77－694a	0	0	0	0	0	0	0
755	当果倶有義	(全)雖因与果有倶不倶事	論第2	66－169a	76－343b	0	0	0	0	0	0	0
756	当旧大品		論第7	66－443a	77－1021a	0	0	0	0	0	0	0
757	灯師二十九釈		論第9	66－542 c	77－1226b	0	0	0	0	0	0	0
758	等取有触		論第4	66－264a	76－542a	0	0	1	0	1	0	2
759	当生言		論第2	66－186 c	76－381a	0	0	0	0	0	0	0
760	同小乗者		論第8	66－490a	77－1116b	0	0	0	0	0	0	0
761	導彼肉眼	(全)在肉眼上	論第2	66－188a	76－384a	0	0	0	0	0	0	0
762	動発勝思初念立別解脱戒歟		論第1	66－125b	76－251a	0	0	0	0	0	0	0
763	動発勝思第二念已去歟	(全)動発勝思第二念已去思種	論第1	66－125a	76－250a	0	0	0	0	0	0	0
764	等無間意有正思量之義歟	(全)等無間志有量歟	論第5	66－315b	77－646b	0	0	0	0	0	0	0
765	道理所成真実		論第8	66－512 c	77－1163b	0	0	0	0	0	0	0
766	徳句中香通常無常歟	(全)徳句香通常無常歟	論第1	66－114 c	76－227b	0	0	0	0	0	0	0
767	得沙門果		論第10	66－562a	77－1265b	0	0	0	0	0	0	0
768	独勝部行	(全)声聞決択分廻趣麟角歟．部行証果遇仏出世歟	論第10	66－562 c	77－1267a	0	0	0	0	0	0	0
769	得理更親		論第1	66－79 c	76－151b	0	0	0	0	0	0	0
770	独覚不還	(全)独覚立不還果歟	論第9	66－544a	77－1229a	0	0	0	0	0	0	0
771	鈍根無生智	(全)鈍根支仏得無生智歟	論第10	66－572 c	77－1287b	0	0	0	0	0	0	0
772	貪無漏縁	(興)愚草等3部あり	論第6	66－358a	77－729a. 840a	5	0	0	0	1	1	7
773	乃至等流		論第5	66－336 c	76－691a	0	0	0	0	0	0	0
774	乃至未断		論第3	66－195 c	76－396b	0	0	16	0	0	0	16
775	乃是実身		論第8	66－498a	77－1133b	0	0	3	3	7	0	13
776	難経部師	(全)離経部師法無爾種 (薬)口経新師	論第4	66－268 c	76－549b	0	0	2	0	1	0	3
777	難陀五根体	(全)難陀五根見分種歟． 難陀相見同異	論第4	66－273a	76－560a	0	0	1	0	0	0	1
778	二向不定		論第1	66－77a	76－146a	0	0	0	0	1	0	1
779	二執見分一多	(南)見分一多 (南)尋思抄1部あり	論第5	66－310b	77－636a	0	0	2	0	2	0	4

	大正科文 （　）は推定科文名	科文その他	本論巻	大　正	仏　全	興福寺	東大寺	南都論	無為信	薬師寺	龍大短	短縮合計
780	二十二根十二一分通相応断耶	(全)十二分相応断通歟	論第6	66－356b	77－ 723b．836b	0	0	0	0	0	0	0
781	二受断故		論第10	66－573 c	77－1289b	0	0	0	0	0	0	0
782	二取滅諦取択滅歟		論第8	66－514 c	77－1167a	0	0	0	0	0	0	0
783	二種唯有漏	(全)相名分別漏無漏	論第8	66－512b	77－1162a	0	0	0	0	0	0	0
784	二乗有学得有余涅槃歟	(全)有学聖者有余涅槃得歟	論第10	66－572b	77－1287a	0	0	0	0	0	0	0
785	二障同体		論第9	66－534a	77－1208a	0	0	0	0	0	0	0
786	二乗無学	(全)二乗無学応無後蘊	論第3	66－243a	76－497a	0	0	0	0	0	0	0
787	二乗無漏後得智変之化身土歟	(全)二乗無漏後得智変之化土歟	論第10	66－594b	77－1332b	0	0	0	0	0	0	0
788	二身見等	(全)故能永害等	論第9	66－553 c	77－1249a	3	0	0	1	0	0	4
789	二禅以上起眼耳身三識縁上色等相分歟	(全)二禅已上起眼耳身三識縁上地色等時相分随能縁論地繋歟	論第1	66－99a	76－191b	0	0	0	0	0	0	0
790	涅槃拠理性	(無)涅槃拠理事	論第1	66－30b	76－51a	0	0	0	1	0	0	1
791	二分倶無師		論第9	66－546a	77－1233a	0	0	0	0	0	0	0
792	若有希望		論第5	66－324 c	77－666a	0	0	0	0	5	0	5
793	若有無漏	(興)愚草等2部あり(薬)尋思抄1部あり	論第1	66－33a	76－56b	0	0	0	0	5	0	5
794	若廻心可爾		論第2	66－142a	76－285a	0	0	0	0	5	0	5
795	若縁二倶増		論第6	66－381b	77－890b	0	0	0	0	0	0	0
796	若許喜楽	(全)若許喜楽通在有頂即(南)知足抄等3部あり	論第5	66－297 c	77－608b	0	0	4	0	3	0	7
797	若作此解		論第6	66－354 c	77－ 715b．831b	1	0	0	0	0	0	1
798	若爾意喜楽捨		論第6	66－356 c	77－719a．837a	0	0	6	0	1	0	7
799	若直取慙		論第1	66－61a	76－114b	0	0	0	0	0	0	0
800	若爾即三念住	(全)三念住体	論第6	66－344b	77－703a．811a	0	0	0	0	0	0	0
801	若爾命終心	(全)縁未来生 *尋思抄に命終心相あり	論第5	66－299b	77－612a	0	0	0	0	0	0	0
802	若増盛境	(全)卒爾心多念相続歟	論第4	66－282b	76－580a	0	0	0	0	0	0	0
803	若大乗師道定別解	(全)三種律義倶防三時非歟	論第1	66－125 c	76－251b	0	0	0	0	0	0	0

	大正科文 （　）は推定科文名	科文その他	本論巻	大　正	仏　全	興福寺	東大寺	南都論	無為信	薬師寺	龍大短	短縮合計
804	若難不持種	(全)若難不持種便違宗失	論第3	66－242b	76－496b	0	0	0	0	0	0	0
805	若非廻心	(全)未廻心二乗生変化浄土歟	論第10	66－587a	77－1317b	0	0	0	0	0	0	0
806	若無漏者正智所摂	(全)無漏身語正智所縁歟	論第1	66－61b	76－115a	0	0	0	0	0	0	0
807	若望菩薩		論第5	66－311a	77－637a	0	0	0	0	0	0	0
808	若約遮詮	(薬)若約□詮．若□進詮 (南)尋思抄等2部あり	論第9	66－519 c	77－1178a	0	0	12	0	5	0	17
809	若約能引	(全)以望清浄等	論第8	66－460b	77－1056a	0	0	0	0	0	0	0
810	若唯始起量		論第2	66－163a	76－329b	0	0	0	0	0	0	0
811	若論顕理	(興)同学抄一問答1部あり	論第1	66－65a	76－125a	13	0	3	11	4	0	31
812	入心全	(全)入心全取見道歟	論第9	66－527a	77－1194b	0	0	0	2	0	0	2
813	仍非相分		論第8	66－506 c	77－1151a	0	0	0	0	0	0	0
814	如海遇風縁		論第3	66－228 c	76－467b	0	0	0	0	0	0	0
815	如下無明		論第8	66－488a	77－1112a	0	0	0	0	0	0	0
816	如色声等量	(全)破経量部従一不成等過	論第4	66－268a	76－548a	0	0	0	0	0	0	0
817	如自在官		論第2	66－185b	76－378b	0	0	0	0	0	0	0
818	如此相分	(全)第八縁五塵時有性不随義歟	論第1	66－86a	76－168a	0	0	0	0	0	0	0
819	如実性等	(全)以性同実例等事	論第1	66－117a	76－231b	0	0	0	0	0	0	0
820	如受等法		論第3	66－196a	76－399b	0	0	0	0	0	0	0
821	如大梵変		論第2	66－185a	76－377b	0	0	0	0	0	0	0
822	汝等所行		論第9	66－526 c	77－1192b	0	0	0	0	0	0	0
823	如遍常説		論第6	66－372b	77－870b	0	0	0	0	0	0	0
824	汝唯無記		論第1	66－51b	76－95a	0	0	0	0	0	0	0
825	如来為除		論第1	66－2a．9a	76－6a	0	3	0	3	4	0	10
826	如来無有	(全)如来無有不定心故	論第3	66－223b	76－455b	0	0	0	0	0	0	0
827	如螺髻梵王	(全)如螺髻梵王変化身土	論第10	66－594 c	77－1332b	0	0	0	0	0	0	0
828	仁王十善道	(全)瓔珞経十信	論第9	66－525 c	77－1190b	0	0	0	0	0	0	0
829	仁王等覚	(全)仁王経説等覚位歟	論第9	66－525a	77－1189a	0	0	0	0	0	0	0
830	仁王梵本		論第9	66－524 c	77－1188b	0	0	0	0	0	0	0
831	涅槃三種病人事		論第1	66－39 c	76－68b	0	0	0	0	0	0	0
832	然有経中	(全)応知彼是随転理門	論第5	66－318a	77－652a	0	0	2	0	0	0	2
833	然有漏識		論第2	66－180a	76－368b	0	0	0	0	0	0	0

	大正科文 ( )は推定科文名	科文その他	本論巻	大　正	仏　全	興福寺	東大寺	南都論	無為信	薬師寺	龍大短	短縮合計
834	然依他故		論第1	66－123a	76－247a	0	0	0	0	0	0	0
835	然五十五勝		論第9	66－541c	77－1224b	0	0	0	0	0	0	0
836	然今七識	(全)然今七識総合為法	論第9	66－532c	77－1205a	0	0	0	2	0	0	2
837	然三等持		論第7	66－421a	77－973a	0	0	0	0	4	0	4
838	然実五倶	(全)五倶意識	論第7	66－430a	77－992a	0	0	1	1	1	0	3
839	念定恵通三性歟	(全)念定恵三根性	論第6	66－356b	77－723b. 836a	0	0	0	0	0	0	0
840	然性種等	(全)然性種等亦同五縁	論第1	66－86c	76－169a	0	0	0	0	0	0	0
841	然是虚妄	(興)菩提院短釈2部あり	論第1	66－55c	76－103b	16	1	0	2	12	0	31
842	然是総縁	(全)許総縁説	論第6	66－393b	77－ 782b. 917a	0	0	0	0	0	0	0
843	然独覚教		論第1	66－53a	76－98b	0	0	0	0	0	0	0
844	然入地已		論第10	66－559a	77－1259b	0	0	0	0	0	0	0
845	然不還者	(大)(全)には同名論題あり	論第1	66－79a	76－150a	0	0	0	0	0	0	0
846	然不還者	(大)(全)には同名論題あり	論第7	66－420c	77－972a	0	0	0	0	0	0	0
847	然不堅執	(全)然不就堅執是定現量	論第9	66－539b	77－1218b	0	0	0	0	0	0	0
848	然唯初解		論第2	66－179c	76－366a	0	0	0	0	0	0	0
849	然唯無漏		論第10	66－565c	77－1272b	0	0	0	0	0	0	0
850	然由本為		論第10	66－594a	77－1331b	0	0	0	0	0	0	0
851	能一行中		論第3	66－217c	76－443a	0	0	0	0	0	1	1
852	能熏勝種	(興)能重勝種事	論第10	66－576b	77－1295b	1	0	1	0	0	3	5
853	能作等六因	(全)能作等六因々縁事	論第2	66－154b	76－311b	0	0	0	0	0	0	0
854	能遮悪戒	(全)有義定道戒	論第1	66－124a	76－248a	0	0	0	0	0	0	0
855	能生覚受体	(全)能生覚受唯限身根歟	論第3	66－251b	76－ 514b. 515a	0	0	0	0	0	0	0
856	能蔵所蔵		論第2	66－153c	76－309b	0	0	0	0	0	0	0
857	能対治故		論第3	66－235c	76－481b	0	0	0	0	0	0	0
858	能与後後		論第4	66－261a	76－534a	0	0	0	0	0	0	0
859	八九二地花報	(全)八九二地花報実身歟. 又実業所生歟	論第2	66－163c	76－331a. 331b	0	0	0	0	0	0	0
860	八抛永捨	(薬)文集2部あり	論第5	66－307a	77－629a	1	0	0	0	5	0	6
861	八根能入	(全)八根入初静慮	論第7	66－454a	77－1044b	0	0	0	0	0	0	0
862	八地已上真俗合観	(全)恒倶合縁	論第3	66－213b	76－434a	0	0	0	0	0	0	0

	大正科文 ( )は推定科文名	科文その他	本論巻	大　正	仏　全	興福寺	東大寺	南都論	無為信	薬師寺	龍大短	短縮合計
863	八地以上名不退故	(全)以四因簡前位	論第3	66－217b	76－442b	0	0	0	0	0	0	0
864	八還染証文	(全)雖無論文	論第4	66－294c	76－604a	0	0	5	0	0	0	5
865	八本余末		論第1	66－98a	76－189a	0	0	0	2	0	0	2
866	破同異和合量	(全)無作用故有不定	論第1	66－115c	76－229b	0	0	0	0	0	0	0
867	破和合句義実有量	(全)破和合量. 勝論許和合実歟	論第1	66－117a	76－232b	0	0	0	0	0	0	0
868	般若灯論帰敬頌		論第1	66－59b	76－110b	0	0	0	0	0	0	0
869	般若唯識		論第1	66－3c. 11a	76－11b	0	0	0	1	0	0	1
870	非異熟法	(全)異熟六識雑起趣生歟. 如地獄等受等流楽法	論第3	66－250b	76－512a. 512b	0	0	0	0	0	0	0
871	非一識類	(全)無凡聖故	論第3	66－242c	76－497a	0	0	0	0	0	0	0
872	非黄見黄		論第1	66－88a	76－171a	0	0	0	2	0	0	2
873	非境界故	(薬)俳境□故	論第9	66－521b	77－1181a	0	0	0	0	1	1	2
874	非滅現纏	(全)但害随眠	論第5	66－297a	77－607b. 608a	0	0	0	0	0	0	0
875	彼誤犯愚	(興)彼誤犯愚約別起事 (全)彼悞犯愚(薬)彼□犯愚 (薬)愚草等3部あり	論第10	66－558b	77－1258a	1	0	0	0	0	0	1
876	非自性善	(興)私指示1部あり	論第6	66－340a	77－697b. 802a	9	0	0	0	1	1	11
877	彼時段故付前仏入滅後仏成	(全)他受用不断常	論第10	66－583b	77－1309b	0	0	0	0	0	0	0
878	非実詮言量	(全)非実詮言	論第2	66－136b	76－273b	0	0	0	0	0	0	0
879	非勝解行	(全)非勝解行行未勝故	論第9	66－527a	77－1193a	0	0	0	0	0	0	0
880	非諸有情	(薬)代諸有情	論第7	66－448a	77－1032a	0	0	0	3	2	0	5
881	非是尋故		論第7	66－410a	77－950a	0	0	0	0	0	0	0
882	非是二界	(興)頼重本文抄1部あり	論第2	66－191c	76－391b	3	0	0	0	1	0	4
883	必仮尋伺		論第7	66－412b	77－954b	0	0	0	0	1	12	13
884	必杖第八	(全)末転依五識	論第8	66－472b	77－1081a	0	0	0	0	0	0	0
885	心上変如	(全)心上変如名為少物	論第9	66－539a	77－1218b	0	0	0	0	4	0	4
886	必帯生空	(全)雖独法空(全)必図生空 (薬)知足抄1部あり	論第10	66－577b	77－1297b	0	0	2	1	7	0	10
887	必変上器	(南)必変上界	論第1	66－99c	76－192a	0	0	1	1	0	0	2

	大正科文 ( )は推定科文名	科文その他	本論巻	大正	仏全	興福寺	東大寺	南都論	無為信	薬師寺	龍大短	短縮合計
888	非天眼耳識眼耳二識縁遠境歟	(全)散眼耳識縁他地遠境歟	論第1	66－92b	76－180b	0	0	0	0	0	0	0
889	非等至唯尋伺起		論第6	66－375a	77－744b.877b	0	0	0	0	0	0	0
890	彼特違害	(全)彼特違害前所引経	論第3	66－245b	76－502b	0	0	0	0	0	0	0
891	非破無因		論第9	66－519a	77－1176a	0	0	0	0	1	0	1
892	彼非因縁故		論第8	66－464c	77－1064b	0	0	0	0	0	0	0
893	非彼自種子		論第7	66－436a	77－1007a	0	0	0	0	0	0	0
894	非必有本質		論第7	66－449b	77－1035a	0	0	0	0	0	0	0
895	非彼名濫	(全)非不知我	論第9	66－553a	77－1248a	0	0	0	0	0	0	0
896	彼分涅槃体	(全)彼分涅槃	論第1	66－67c	76－130a	0	0	0	0	0	0	0
897	非菩薩作	(全)頓断師意十六心相見道歟	論第9	66－545a	77－1231a	0	0	0	0	0	0	0
898	非菩薩正観	(全)七科道品菩薩正観歟	論第9	66－553b	77－1248a	0	0	0	0	0	0	0
899	非無痴俱	(南)菩提院抄等4部あり	論第6	66－346c	77－707a.815b	3	0	4	0	2	0	9
900	非唯彼定		論第4	66－280c	76－575a	0	0	0	0	0	0	0
901	表義顕境不同	(全)不依外者	論第8	66－478a	77－1092a	0	0	0	0	0	0	0
902	表義名言	(全)第七表義名言	論第8	66－478b	77－1092b	0	0	0	0	0	0	0
903	義説三恵	(興)問義説三恵可通七地以前如何	論第9	66－536c	77－1231b	1	0	0	0	0	0	1
904	平等性智能伏道		論第5	66－313b	77－642a	0	0	0	0	0	0	0
905	非余境故量		論第3	66－234a	76－478a	0	0	0	0	0	0	0
906	非預流等	(全)有学聖起常見歟	論第6	66－383a	77－758b.895a	0	0	0	0	0	0	0
907	普為乗教	(興)八巻私記等3部あり (南)八巻私記1部あり	論第1	66－20c	76－29a	5	0	9	0	1	0	15
908	不異定故		論第3	66－202a	76－409b	0	0	0	0	0	0	0
909	不異前受		論第7	66－438a	77－1011a	0	0	0	0	0	0	0
910	不依瑜伽		論第3	66－254a	76－519b	0	0	0	0	0	0	0
911	不害仮実		論第6	66－344c	77－703b.811b	0	0	0	0	0	0	0
912	不可離言		論第2	66－138a	76－277a	1	0	0	0	0	0	1
913	不疑正慧量	(全)異覚為体．不疑正慧証	論第6	66－347c	77－708a.818b	0	0	0	0	0	0	0
914	復有清浄世界	(無)文集1部あり	論第7	66－438c	77－1012a	0	0	0	0	2	0	2

	大正科文 (　)は推定科文名	科文その他	本論巻	大　正	仏　全	興福寺	東大寺	南都論	無為信	薬師寺	龍大短	短縮合計
915	復依迷外		論第8	66－486a	77－1109b	0	0	0	0	0	0	0
916	不共証三師	(大)三師の説の分類提示あり	論第5	66－313 c	77－642a	0	0	0	0	0	0	0
917	伏煩悩時	(全)伏煩悩時此倶法執	論第9	66－535b	77－1211a	0	0	1	1	2	0	4
918	不仮五引	(全)五十二説文言通故	論第4	66－283 c	76－582a	0	0	0	0	0	0	0
919	不簡差別	(全)無性摂論意六義通内外種歟	論第2	66－167 c	76－341a	0	0	0	0	0	0	0
920	扶根塵有変異自性等流歟		論第1	66－121 c	76－243b	0	0	0	0	0	0	0
921	不爾如何		論第6	66－380 c	77－753a.889a	1	0	0	0	0	0	1
922	不失増長		論第2	66－142a	76－285a	0	0	0	0	0	0	0
923	不爾不能	(全)類智必縁上界歟	論第9	66－540b	77－1221b	0	0	0	0	0	0	0
924	不遮有時	(興)(全)挒容有時 (興)愚草等2部あり	論第6	66－350b	77－ 711b．823b	2	0	0	0	0	0	2
925	不執菩提	(南)尋思抄等2部あり	論第8	66－501a	77－1139a	0	0	12	0	6	0	18
926	不定姓異生性	(全)大乗異生性	論第1	66－129a	76－257b	0	0	0	0	0	0	0
927	不定随感		論第4	66－293b	76－601a	0	0	3	0	0	0	3
928	不深及深		論第7	66－405b	77－940b	0	0	0	0	2	0	2
929	不善業自性断	(全)不善業自性断歟 (興)文集等2部あり	論第6	66－355b	77－717a.834b	12	0	0	0	3	0	15
930	不善論意		論第8	66－496c	77－1130b	0	0	2	0	6	0	8
931	不麁了故		論第2	66－152b	76－307a	0	0	0	0	0	0	0
932	不通無色	(全)四無量通色無色歟	論第3	66－224b	76－458a	0	0	0	0	0	0	0
933	仏果五塵	(全)仏果五塵新古合生歟	論第5	66－321b	77－659a	0	0	1	0	2	0	3
934	仏果障	(全)仏果障能治道	論第9	66－554b	77－1250b	0	0	3	2	25	0	30
935	仏果定通倶変塵歟	(全)通可引起	論第2	66－191b	76－391a	0	0	0	0	0	0	0
936	仏果心王	(全)仏果心王取別相歟.初地已上無漏心王取別相歟	論第4	66－290 c	76－ 595b．596b	0	0	2	0	19	0	21
937	仏果別解脱戒会得歟	(全)仏果別解脱戒会得未会得中何歟	論第1	66－124b	76－249a	0	0	0	0	0	0	0
938	仏現八相		論第9	66－527b	77－1193b	0	0	3	1	1	0	5
939	仏此亦縁	(興)本文抄等2部あり	論第2	66－151 c	76－305b	4	0	0	0	1	0	5
940	仏聖弟子	(全)聖弟子依法随学	論第1	66－57a	76－105b	0	0	0	0	0	0	0

	大正科文 （　）は推定科文名	科文その他	本論巻	大　正	仏　全	興福寺	東大寺	南都論	無為信	薬師寺	龍大短	短縮合計
941	仏所得法	(全)等覚名 (無)文集1部あり(薬)私指示1部あり	論第1	66－68b	76－130a	2	0	0	2	7	0	11
942	仏放毫光		論第2	66－188a	76－384a	0	0	0	0	0	0	0
943	不動業	(全)定地摂故	論第8	66－475 c	77－1087a	0	0	0	1	0	0	1
944	不逾八十		論第6	66－378a	77－747a. 883b	0	0	0	0	0	0	0
945	不障善故	(全)不障善故等計	論第5	66－298 c	77－611a	0	0	0	0	0	0	0
946	忿嗔倶起		論第6	66－352b	77－828b	7	0	7	0	4	0	18
947	分別我見有総縁歟	(全)分別我見有惣縁歟	論第6	66－394a	77－786a. 918a	0	0	0	0	0	0	0
948	分別我見唯資糧位起証文	(全)分別我執	論第8	66－478 c	77－1093a	0	0	0	0	0	0	0
949	分別事識	(全)菩薩將得	論第3	66－221 c	76－452b	0	0	0	0	0	0	0
950	分別煩悩与苦楽相応歟	(全)分別惑与苦楽倶歟	論第6	66－384b	77－760a. 898a	0	0	0	0	0	0	0
951	分別論者		論第2	66－164 c	76－333a	0	0	0	0	0	0	0
952	分品潤生	(全)上依随転	論第1	66－80a	76－152a	0	0	0	0	0	0	0
953	別解脱戒新種上立之歟		論第1	66－124 c	76－249b	0	0	0	0	0	0	0
954	別生名等非能詮	(興)別生名等	論第2	66－139a	76－279a	1	0	0	0	0	0	1
955	変化長時浄土	(薬)変化□時浄(興)変化身土可有浄土耶	論第10	66－586 c	77－1316b	1	0	3	0	1	0	5
956	変化唯是	(興)反化唯是 (興)愚草．難答和聞書等5部あり(全)本文中題目欠落	論第1	66－57 c	76－107a	12	0	0	3	4	0	19
957	変似我法	(薬)尋思別要1部あり (無)文集1部あり	論第1	66－75b	76－201b	0	1	1	8	10	0	20
958	変似我法		論第1	66－103a	76－206b	0	0	0	0	0	0	0
959	便証得転依		論第10	66－567 c	77－1277b	0	0	0	0	0	0	0
960	変易業因	(興)反易業因	論第8	66－496b	77－1130a	1	0	0	3	0	0	4
961	変易非本		論第1	66－113a	76－224a	0	0	0	0	0	0	0
962	変本形類		論第1	66－99 c	76－193a	0	0	0	0	0	0	0
963	法解		論第5	66－309 c	77－634b	0	0	0	0	2	0	2
964	法現観体	(全)法義二現観三恵中何	論第9	66－548a	77－1237b	0	0	0	0	0	0	0
965	法自相法差別相違決定作法事	(大)目次にはなし	論第2	66－134a	76－269a	0	0	0	0	0	0	0

	大正科文 ( )は推定科文名	科文その他	本論巻	大　正	仏　全	興福寺	東大寺	南都論	無為信	薬師寺	龍大短	短縮合計
966	傍修得故	(全)有勝見道	論第7	66－453a	77－1042a	0	0	0	0	0	0	0
967	法駛流史	(全)諸仏七勧	論第3	66－212b	77－432a	0	0	0	0	0	0	0
968	法爾業種	(全)法爾業種生五浄居 (薬)愚草1部あり	論第8	66－476b	77－1089a	0	0	0	2	5	0	7
969	報仏常無常		論第10	66－582 c	77－1308a	0	0	0	0	0	0	0
970	法門句義及次第		論第1	66－59a	76－110b	0	0	0	0	0	0	0
971	法輪自性体	(興)文集1部あり	論第1	66－17b	76－23a	3	0	0	1	0	0	4
972	菩薩蔵経有十善巧	(全)十善巧体	論第1	66－81b	76－154b	0	0	0	0	0	0	0
973	伐用樹木		論第2	66－185b	76－378b	0	0	0	0	0	0	0
974	法界色摂	(興)妙定生故法界色摂事	論第10	66－582b	77－1307a	1	0	0	0	0	0	1
975	発業無明	(薬)発業無名事	論第8	66－482b	77－1102a	1	1	1	0	1	0	4
976	法処有実色歟		論第5	66－312a	77－660a	0	0	0	0	0	0	0
977	本釈二師証文		論第1	66－56b	76－104b	0	0	0	0	0	0	0
978	本種既劣	(全)劣種生勝現歟	論第8	66－463a	77－1061b	0	0	0	0	0	0	0
979	本性住種姓	(全)六処特勝文説無為歟 (無)本姓住種姓	論第9	66－523b	77－1185b	0	0	0	2	0	0	2
980	本性部行	(全)此通本来	論第10	66－561b	77－1264b	0	0	0	0	0	0	0
981	本有種為因縁歟	(全)如実義者	論第3	66－207 c	76－422b	0	0	0	0	0	0	0
982	煩悩要唯	(全)煩悩要唯理観除故 (興)愚草2部あり	論第2	66－146a	76－293a	8	0	0	0	0	1	9
983	本惑所摂政		論第6	66－347b	77－708a. 818a	0	0	0	0	0	0	0
984	末計不然	(全)上座部細意識間断歟	論第5	66－312a	77－639a	0	0	0	0	0	0	0
985	末那意義		論第3	66－226b	76－462b	0	0	0	0	0	0	0
986	摩納縛迦		論第1	66－75a	76－155b	0	0	0	0	0	0	0
987	未決定信	(南)未決定信 (興)文集1部あり(南)本文抄1部あり	論第6	66－351a	77－712a. 825a	9	0	15	0	8	0	32
988	微細随眠		論第9	66－554a	77－1249b	0	1	0	1	0	0	2
989	未証法空量	(全)法執恒行量	論第5	66－304b	77－622b	0	0	0	0	1	0	1
990	未至地煩悩有無		論第6	66－386b	77－901b	0	0	0	0	0	0	0
991	未能空中	(全)故名大行	論第3	66－213b	76－434b	0	0	0	0	0	0	0
992	未必為正	(全)未至為正	論第7	66－419b	77－970a	0	0	0	1	0	0	1
993	未必上故	(全)正義唯是．非無常解	論第6	66－371a	77－ 738b． 740a 　． 867b	0	0	0	0	0	0	0

	大正科文 （　）は推定科文名	科文その他	本論巻	大　正	仏　全	興福寺	東大寺	南都論	無為信	薬師寺	龍大短	短縮合計
994	名仮施設		論第4	66－290b	76－595a	0	0	0	0	0	0	0
995	命根所依	（全）或唯依旧	論第1	66－130a	76－260a	0	0	0	0	0	0	0
996	命根無所属	（全）命根所依 （大）（全）命根所依は同題別論義	論第1	66－129 c	76－259b	0	0	0	0	0	0	0
997	名詮自性	（薬）愚草1部あり	論第2	66－139 c	76－280b	0	0	0	0	6	0	6
998	明知第七	（全）明知第七有不定惑	論第4	66－294a	76－602b	0	0	1	0	0	0	1
999	名等詮所転		論第1	66－61b	76－115b	0	0	0	0	0	0	0
1000	命与身一		論第6	66－365a	77－736a. 855b	0	0	0	0	0	0	0
1001	未臨命終		論第3	66－237a	76－484a	0	0	0	0	0	0	0
1002	無記五識	（全）八地已上無記五識	論第5	66－326b	77－669a	0	0	5	0	6	0	11
1003	無起彼邪見		論第6	66－391a	77－ 780b . 912a	0	0	0	0	0	0	0
1004	無間解脱断一障歟	（全）無間解脱同断一障	論第1	66－68a	76－132a	0	0	0	0	0	0	0
1005	無間滅依処得等流果歟	（全）依無間滅依処得等流果歟	論第8	66－468 c	77－1072b	0	0	0	0	0	0	0
1006	無作四諦		論第9	66－520 c	77－1181b	0	0	0	0	0	0	0
1007	無色界生得無間生欲界不善心歟		論第7	66－444 c	77－1024b	0	0	0	0	0	0	0
1008	無色界名色支	（全）無色名色	論第8	66－487b	77－1111a	0	0	0	0	0	0	0
1009	無始時来界		論第3	66－225b	76－460b	0	0	0	0	1	0	1
1010	無種已生	（全）彼依引生	論第4	66－271b	76－556b	0	0	0	0	0	0	0
1011	無性界趣生体	（全）無性第七為趣生体歟	論第3	66－250 c	76－513a	0	0	0	0	0	0	0
1012	無性教体	（全）無性教体仏説法菩薩法色身事	論第1	66－46a	76－84a	0	0	0	0	0	0	0
1013	無性真理		論第1	66－31a	76－52a	0	0	0	0	0	0	0
1014	無姓比量		論第1	66－43b	76－76a	0	0	0	0	0	0	0
1015	無性発心		論第1	66－42b	76－73b	0	0	0	0	0	0	0
1016	無想倶非中有我等	（全）無想倶非有我純等八見歟	論第6	66－374b	77－ 747b . 874b	0	0	0	0	0	0	0
1017	無足精進		論第6	66－345b	77－813b	0	0	0	0	0	0	0
1018	無第三乗過失	（全）顕揚第七因荘厳八因中何	論第3	66－235 c	76－481a	0	0	0	0	0	0	0
1019	無智亦無得善巧	（全）無智亦無得	論第1	66－80 c	76－153b	0	0	0	0	0	0	0
1020	無等妙法真聖衆	（全）摂大乗等	論第1	66－58a	76－108b	0	0	0	0	0	0	0

	大正科文 ( )は推定科文名	科文その他	本論巻	大　正	仏　全	興福寺	東大寺	南都論	無為信	薬師寺	龍大短	短縮合計
1021	無明増故		論第9	66－534 c	77－1209b	0	0	0	0	0	0	0
1022	無唯敬別体	(全)無唯敬別体非同体	論第1	66－60b	76－113a	0	0	0	0	0	0	0
1023	無唯敬法		論第1	66－58 c	76－110a	0	0	0	0	0	0	0
1024	無唯説二乗		論第1	66－53b	76－99a	0	0	0	0	0	0	0
1025	無余廻心		論第1	66－34a	76－58a	0	0	0	0	0	0	0
1026	無余択非択	(全)無余涅槃択滅歟	論第10	66－573a	77－1288b	0	0	1	0	0	0	1
1027	無漏縁惑	(全)無漏縁惑不縁上界歟 (興)文集1部あり	論第6	66－401 c	77－794b. 934a	9	0	1	0	0	0	10
1028	無漏応取		論第2	66－155a	76－312b	0	0	0	0	0	0	0
1029	無漏起時難	(全)平等性智喜楽相応歟	論第5	66－298b	77－610a	0	0	4	0	0	0	4
1030	無漏従質即是無記	(全)因位平等性智縁第八相分随質名無記歟	論第1	66－94 c	76－198a	0	0	0	0	0	0	0
1031	無漏心執		論第1	66－72b	76－137b	0	0	0	0	0	0	0
1032	無漏通果無記種	(全)無性有情成就無漏通果無記種子歟	論第1	66－128 c	76－257b	0	0	0	0	0	0	0
1033	無漏唯増	(全)入見已去無漏唯増事	論第2	66－177 c	76－361b	0	0	0	0	0	0	0
1034	滅定初起		論第7	66－418a	77－967a	0	0	1	0	5	0	6
1035	滅定第六心量	(全)疏破経部正比量歟	論第4	66－265 c	76－543b	0	0	0	0	0	0	0
1036	滅相在過去		論第2	66－135b	76－271b	0	0	0	0	0	0	0
1037	滅諦断中辺無辺見辺邪中何		論第6	66－379a	77－886a	0	0	0	0	0	0	0
1038	滅法待因		論第8	66－463b	77－1062b	0	0	0	0	0	0	0
1039	妄執習気		論第2	66－179b	76－365a	0	0	0	0	0	0	0
1040	望生現果	(全)此生所熏	論第8	66－477a	77－1090a	0	0	1	0	0	0	1
1041	望初自果		論第8	66－465a	77－1065a	0	0	0	0	0	0	0
1042	妄想断故		論第1	66－109 c	76－217b	0	0	0	0	0	0	0
1043	毛道生		論第1	66－42 c	76－74a	0	0	0	0	0	0	0
1044	望本質説	(全)眼根但照(南)望本異説	論第4	66－279b	76－572b	0	0	2	0	0	0	2
1045	望余信等		論第6	66－351b	77－ 713b . 826a	7	0	0	2	0	0	9
1046	聞謂比量	(龍)本文抄1部あり	論第2	66－188b	76－384b	0	0	0	0	0	1	1
1047	聞言説	(全)聞言説取耳根歟(興)(東)(薬)聞言説体(無)聞言説第八．聞言説体	論第8	66－459a	77－1053b	4	1	0	2	4	0	11
1048	聞息転勝	(全)非由定力親能起二	論第9	66－550b	76－1242b	0	0	0	0	0	0	0

	大正科文 （　）は推定科文名	科文その他	本論巻	大　正	仏　全	興福寺	東大寺	南都論	無為信	薬師寺	龍大短	短縮合計
1049	聞聖言量	(全)聖言量(薬)□聖言□	論第8	66－459a	77－1054a	0	0	0	0	2	0	2
1050	聞大乗経	(興)本文抄1部あり	論第1	66－26b	76－42b	9	0	0	4	4	0	17
1051	亦依光明等		論第2	66－137c	76－276b	0	0	0	0	0	0	0
1052	亦応増疾離欲地故		論第6	66－393b	77－916b	0	0	0	0	0	0	0
1053	約三乗通	(全)第七識有任運分別歟	論第7	66－409c	77－949a	0	0	0	0	0	0	0
1054	亦取現業		論第4	66－275b	76－564b	0	0	0	0	0	0	0
1055	亦僧実摂	(全)麟角善根(南)(無)亦僧宝摂	論第1	66－58c	76－109b	0	0	1	1	0	0	2
1056	亦即亦離見		論第6	66－369a	77－735a. 863b	0	0	0	0	0	0	0
1057	亦通能得	(全)亦通能得択非択滅	論第10	66－564c	77－1271a	0	0	0	0	0	0	0
1058	約入仏法	(無)初入仏法 (興)兼継御聞書等2部あり(全)『知足抄』は内容が異なる	論第6	66－340b	77－724a. 803a	12	1	1	2	8	0	24
1059	亦非依主		論第9	66－546b	77－1234a	0	0	0	0	0	0	0
1060	亦変相故	(興)亦反相故	論第2	66－147b	76－297b	5	0	0	0	0	0	5
1061	約理説一	(龍)私日記1部あり	論第1	66－21a	76－30b	1	0	1	1	2	0	5
1062	約利鈍別		論第6	66－388a	77－772b. 905a	0	0	0	0	0	0	0
1063	唯有定通		論第2	66－187a	76－382a	0	0	0	0	0	0	0
1064	唯可観見	(全)異生所変唯令他見	論第2	66－189a	76－386b	0	0	0	0	0	0	0
1065	唯観安立	(全)二乗作非安立観歟	論第9	66－539c	77－1219a	0	0	1	0	0	0	1
1066	唯感別報		論第8	66－488b	77－1113a	0	0	0	0	0	0	0
1067	唯現潤生	(全)七地已前唯現潤生	論第10	66－558c	77－1258b	0	0	0	1	3	0	4
1068	唯語業礼	(全)宝生長者帰敬頌	論第1	66－60b	76－113b	0	0	0	0	0	0	0
1069	唯識比量	(全)極成色体 (興)唯識比量問答下あり (東)唯識比量鈔上下等3部あり(無)唯識比量聊問記1部あり(龍)菩提院抄上1部あり	論第7	66－424b	77－980b	0	2	0	5	0	0	7
1070	唯受相業	(全)唯受相業約勝能説	論第3	66－202c	76－411a	0	0	0	0	0	0	0
1071	唯定煩悩		論第6	66－386c	77－765a. 902b	0	0	0	0	0	0	0
1072	唯此論釈	(全)瑜伽唯識二各有四唯此論釈	論第1	66－103c	76－203a	0	0	0	0	0	0	0

	大正科文 （　）は推定科文名	科文その他	本論巻	大　正	仏　全	興福寺	東大寺	南都論	無為信	薬師寺	龍大短	短縮合計
1073	唯増闕減		論第2	66－176 c	76－359b	0	0	0	0	0	0	0
1074	唯属利他		論第10	66－591b	77－1326a	0	0	0	0	0	0	0
1075	唯託心王	(全)唯託心王 (大)(全)に同名論題あり	論第7	66－448 c	77－1034a	0	0	0	0	0	0	0
1076	唯詫心王	(大)(全)に同名論題あり	論第8	66－473 c	77－1083b	0	0	0	0	0	0	0
1077	唯得起下六		論第6	66－390b	77－767a. 911a	0	0	0	0	0	0	0
1078	唯頓唯漸教	(無)唯頓唯漸	論第1	66－5a. 12 c	76－14b	0	0	0	5	1	0	6
1079	唯不善摂	(全)五趣惑業(大)五趣惑業あり	論第8	66－482a	77－1101a	0	0	0	0	0	0	0
1080	唯不善性	(全)発悪行故	論第6	66－385a	77－ 761b . 899a	0	0	0	0	0	0	0
1081	唯本有生	(全)第八五数心所新古合生歟	論第1	66－87 c	76－171a	0	0	0	0	0	0	0
1082	猶有麁重	(全)断惑証滅等(薬)猶有兼重	論第9	66－553a	77－1248a	0	0	0	0	1	0	1
1083	用及用具		論第9	66－524a	77－1187a	0	0	0	0	0	0	0
1084	瑜伽五姓文		論第1	66－27a	76－44a	0	0	0	0	0	0	0
1085	瑜伽支分	(全)瑜伽釈論十支論所摂歟	論第1	66－54a	76－100b	0	0	0	0	0	0	0
1086	瑜伽釈論三時		論第1	66－ 6b . 16a	76－20b	0	0	0	0	0	0	0
1087	瑜伽説三種依歟恒定依	(全)恒定不恒定	論第4	66－270a	76－554a	0	0	0	0	0	0	0
1088	瑜伽断善	(全)瑜伽楞伽二種断善	論第1	66－30a	76－50b	0	0	0	0	0	0	0
1089	瑜伽通縁世		論第7	66－409b	77－948b	0	0	0	0	0	0	0
1090	由仮説我法		論第1	66－72a	76－137a	0	1	0	4	2	0	7
1091	由語離過	(南)由語離果 (興)菩提院抄等6部あり (薬)知足抄1部あり	論第1	66－55b	76－103a	6	0	1	1	0	0	8
1092	由執我故	(興)尺由執我故之文 (興)愚草等3部あり(薬)論第七と同欄に分類	論第5	66－316a	77－647b	9	0	0	0	4	0	13
1093	由想所作		論第6	66－373b	77－872a	0	0	0	0	0	0	0
1094	与意許宗	(南)比量抄1部あり	論第4	66－263b	76－538a	0	0	1	0	0	0	1
1095	要縁曾受		論第4	66－294a	76－602b	0	0	0	0	0	0	0
1096	要集染汚意		論第5	66－301a	77－616a	0	0	0	0	2	0	2

	大正科文 （　）は推定科文名	科文その他	本論巻	大　正	仏　全	興福寺	東大寺	南都論	無為信	薬師寺	龍大短	短縮合計
1097	要集半満教		論第1	66－24b	76－37a	0	0	0	0	0	0	0
1098	要生第四禅		論第7	66－437a	77－1008b	0	0	0	0	5	0	5
1099	影像非異熟	(全)異熟拠酬果	論第1	66－93 c	76－182b	0	0	0	0	0	0	0
1100	葉即三千		論第10	66－592a	77－1327a	0	0	0	0	1	0	1
1101	要託本質		論第6	66－401b	77－795a. 933b	0	0	1	0	4	0	5
1102	欲界軽安	(全)欲界有軽安歟	論第6	66－353b	77－ 714b . 829b	0	0	0	0	0	0	0
1103	欲界定果色	(全)欲界定果種子	論第2	66－187b	76－383a	0	0	0	0	0	0	0
1104	欲界生得無間生上界方便善耶		論第7	66－443 c	77－1022b	0	0	0	0	0	0	0
1105	欲界不共無明与喜相応歟	(全)欲界無明与喜倶歟	論第6	66－384 c	77－761a. 898b	0	0	0	0	0	0	0
1106	欲界欲界同	(興)愚草1部あり	論第2	66－186 c	76－381a	7	0	0	0	1	0	8
1107	欲五識有軽安耶	(全)五識有相事	論第6	66－353b	77－715a. 830a	0	0	0	0	0	0	0
1108	余三善巧	(興)余三善断事	論第1	66－80 c	76－154a	1	0	0	0	0	0	1
1109	余三或七	(全)余三或七非自性故	論第9	66－552 c	77－1247a	0	0	0	0	0	0	0
1110	余識識故量	(興)(全)余識識故 (東)同学抄1部あり	論第7	66－423 c	77－979b	1	1	0	0	0	0	2
1111	余七識成仏		論第5	66－303b	77－620b	0	0	0	0	0	0	0
1112	与身邪見		論第6	66－383 c	77－759a. 896b	0	0	1	0	1	0	2
1113	与前各一		論第9	66－542b	77－1225b	0	0	0	0	0	0	0
1114	余若逢仏	(大)目次のみあり	論第10	－	－	0	0	0	0	0	0	0
1115	余仏世梵音声相	(全)余仏土梵音声相	論第2	66－141a	76－283b	0	0	0	0	0	0	0
1116	余約別通		論第6	66－358a	77－728a. 840a	0	0	0	0	0	0	0
1117	余惑不然		論第6	66－343a	77－705a. 808b	0	0	0	0	0	0	0
1118	楽定楽慧種姓	(全)楽慧楽定那含事	論第1	66－79b	76－151a	0	0	0	0	0	0	0
1119	楽大乗者		論第3	66－230a	76－470b	0	0	0	0	0	0	0
1120	濫非常滅故		論第8	66－515 c	77－1169a	0	0	0	0	1	0	1
1121	理乖唯識	(全)若待外質	論第8	66－474a	77－1083b	0	0	0	0	0	0	0
1122	理事一異	(南)理事唯識	論第8	66－508a	77－1153b	0	0	2	0	3	0	5
1123	離生喜楽		論第5	66－330b	77－678a	0	0	0	0	0	0	0

	大正科文 ( )は推定科文名	科文その他	本論巻	大正	仏全	興福寺	東大寺	南都論	無為信	薬師寺	龍大短	短縮合計
1124	龍猛皆空		論第1	66－7a. 16c	76－22b	0	0	0	0	0	0	0
1125	了謂了別		論第2	66－178c	76－364a	0	0	0	0	0	0	0
1126	楞伽声聞乗性	(全)楞伽声聞乗性通不定歟	論第1	66－37c	76－63b	0	0	0	1	0	0	1
1127	楞伽第五無性	(全)楞伽第五無性畢竟歟	論第1	66－31b	76－53b	0	0	0	0	0	0	0
1128	令真非真		論第10	66－567a	77－1276b	0	0	0	1	0	0	1
1129	了不了		論第1	66－19c	76－28a	0	0	0	0	0	0	0
1130	了別行相	(全)行相了	論第3	66－196a	76－397b	0	0	0	0	0	0	0
1131	麟角見道前伏三空以還惑歟		論第1	66－109b	76－217a	0	0	0	0	0	0	0
1132	隣彼勝心	(南)九帖草子1部あり	論第7	66－444a	76－1023b	0	0	4	0	0	0	4
1133	輪非輪		論第1	66－18c	76－26a	0	0	0	0	0	0	0
1134	流転真如		論第8	66－510b	77－1158a	0	0	0	0	0	0	0
1135	六有通治	(薬)同学抄重難等2部あり	論第5	66－313b	77－641b	1	0	0	0	1	0	2
1136	六処殊勝	(全)謂諸菩薩六処殊勝 (薬)六口殊勝 (興)本文抄1部あり(南)文集1部あり	論第9	66－523a	77－1185a	5	0	5	1	3	0	14
1137	六入生空	(全)平等性智単生空観之時有之歟	論第10	66－576c	77－1296b	0	0	0	0	0	0	0
1138	漏随順体	(薬)漏随順事	論第5	66－317c	77－651a	0	0	0	0	8	0	8
1139	六句皆実		論第1	66－115b	76－229a	0	0	0	0	0	0	0
1140	漏無漏門円成	(全)簡自共相	論第8	66－507c	77－1153b	0	0	0	0	0	0	0
1141	或各別生	(全)新熏種独生現歟	論第10	66－571a	77－1284a	0	0	0	0	0	0	0
1142	或計解脱之我		論第6	66－379b	77－886b	0	0	0	0	0	0	0
1143	或繫雖同	(全)有漏第八縁無漏定果境時心所心変業果歟	論第1	66－97b	76－199b	0	0	0	0	0	0	0
1144	或三地菩薩	(薬)或三地 (無)文集1部あり	論第7	66－438b	77－1011b	0	0	0	2	10	0	12
1145	或二乗位	(全)或二乗位廻趣大乗	論第7	66－453b	77－1043a	0	0	0	0	0	0	0
1146	或前為後縁	(全)引彼功能	論第8	66－473a	77－1081b	0	0	0	0	0	0	0
1147	或退不退		論第7	66－407c	77－945a	0	0	2	0	0	0	2
1148	或第六所変		論第7	66－450a	77－1036a	0	0	0	0	0	0	0
1149	或但因無		論第5	66－337b	77－692a	0	0	0	0	1	0	1

	大正科文 (　)は推定科文名	科文その他	本論巻	大　正	仏　全	興福寺	東大寺	南都論	無為信	薬師寺	龍大短	短縮合計
1150	或不熏彼種故	(全)独散意識縁根塵熏子歟	論第1	66－84a	76－162a	0	0	0	0	0	0	0
1151	或余実法量		論第1	66－126 c	76－253b	1	0	0	0	0	0	1
1152	和合於五識		論第1	66－122 c	76－246a	0	0	0	0	0	0	0
1153	(隠劣顕勝)	(興)(東)(無)隠劣顕勝.隠劣顕勝識		－	－	1	8	0	3	0	0	12
1154	(言陳意許対)	(興)(東)言陳意許対		－	－	1	1	0	0	0	0	2
1155	(捨濫留純)	(興)(東)捨濫留純		－	－	1	3	0	0	0	0	4
1156	(由不放逸)	(興)(南)(薬)由不放逸	論第6	－	－	1	0	1	0	3	0	5
1157		(興)口口義尋云		－	－	1	0	0	0	0	0	1
1158		(興)口三相各成自宗義也		－	－	1	0	0	0	0	0	1
1159		(興)口分法口利純之根		－	－	1	0	0	0	0	0	1
1160	(麟喩独覚伏道)	(興)口喩独覚伏道事(興)外題□喩独覚伏道事とあり		－	－	1	0	0	0	0	0	1
1161		(興)異為執何等名眼等根		－	－	1	0	0	0	0	0	1
1162		(興)異熟名義可通八地以上		－	－	1	0	0	0	0	0	1
1163		(興)極成有法□是名為宗		－	－	1	0	0	0	0	0	1
1164	(遠他順上)	(興)遠他順上之事		－	－	1	0	0	0	0	0	1
1165		(興)一因縁謂有為法親弁自果		－	－	1	0	0	0	0	0	1
1166		(興)一義云何起希望相也		－	－	1	0	0	0	0	0	1
1167		(興)一切法自在懐所依此故		－	－	1	0	0	0	0	0	1
1168		(興)一分之順解脱入見已去畢意		－	－	1	0	0	0	0	0	1
1169		(興)一問初		－	－	1	0	0	0	0	0	1
1170	(摂末帰本)	(興)一問摂末帰本識(無)摂末帰本(南)摂末帰本重証		－	－	1	3	1	1	0	0	6
1171	(因明四相違)	(興)因明四相違(東)因明四種相違 (興)因明四相違義上．下等5部あり(東)因明四種相違略文集等6部あり		－	－	2	6	0	0	0	0	8
1172		(興)因喩之法不応分別事		－	－	1	0	0	0	0	0	1

	大正科文 （　）は推定科文名	科文その他	本論巻	大　正	仏　全	興福寺	東大寺	南都論	無為信	薬師寺	龍大短	短縮合計
1173		(興)可爾ル与種子ハ不生勝現		−	−	1	0	0	0	0	0	1
1174	(我常在鷲山)	(興)我常在鷲山		−	−	3	0	0	0	0	0	3
1175	(我法解)	(興)我法解事		−	−	1	0	0	0	0	0	1
1176	(眼耳根取境明了)	(興)眼耳根取境明了		−	−	1	0	0	0	0	0	1
1177	(義別六煩悩)	(興)義別六煩悩		−	−	1	0	0	0	0	0	1
1178		(興)許離印有性		−	−	1	0	0	0	0	0	1
1179		(興)倶舎論廿六云		−	−	1	0	0	0	0	0	1
1180		(興)恵倶与廃分者見得相応故		−	−	1	0	0	0	0	0	1
1181		(興)賢聖義 (大)科段に相当		−	−	3	0	0	0	0	0	3
1182	(遣虚存実)	(興)遣虚存実難答．遣虚存実識(無)遣虚存実 (興)指示1部あり(無)文集1部あり(東)文集1部あり		−	−	4	3	0	4	0	0	11
1183	(現同処故)	(興)現同処故事	論第2	−	−	1	0	0	0	0	0	1
1184		(興)故建立二門第二門意著遠近二種		−	−	1	0	0	0	0	0	1
1185		(興)五趣三雑染同異 (興)五趣惑業か		−	−	1	0	0	0	0	0	1
1186		(興)後三地花報権実略短尺		−	−	1	0	0	0	0	0	1
1187		(興)後有説者得是傍生		−	−	1	0	0	0	0	0	1
1188		(興)此有何差異乎		−	−	1	0	0	0	0	0	1
1189	(今者我我)	(興)今者我我事		−	−	1	0	0	0	0	0	1
1190		(興)次相違決定過尚以難通		−	−	1	0	0	0	0	0	1
1191		(興)自共相ヲ結畢テ		−	−	1	0	0	0	0	0	1
1192		(興)終教大乗意何位断所知障種子耶		−	−	1	0	0	0	0	0	1
1193		(興)重難云凡別体心		−	−	1	0	0	0	0	0	1
1194		(興)初料簡		−	−	2	0	0	0	0	0	2
1195	(勝軍因果同時異時)	(興)勝軍因果同時異時		−	−	1	0	0	0	0	0	1
1196		(興)章云楽論義者生五浄居文意何		−	−	1	0	0	0	0	0	1

	大正科文 （　）は推定科文名	科文その他	本論巻	大　正	仏　全	興福寺	東大寺	南都論	無為信	薬師寺	龍大短	短縮合計
1197		(興)上如常兼上下事道理太不可然		−	−	1	0	0	0	0	0	1
1198	(触体部行)	(興)触体部行事		−	−	1	0	0	0	0	0	1
1199		(興)親リ同先賢本意了尤可秘之由御定アリ		−	−	1	0	0	0	0	0	1
1200		(興)遂学法故説一分不爾		−	−	1	0	0	0	0	0	1
1201	(性浄炎)	(興)性浄炎事		−	−	1	0	0	0	0	0	1
1202		(興)成定為簡於此立二所		−	−	1	0	0	0	0	0	1
1203		(興)正シク被建立三重対ノ一科廃立ヲ候事ハ		−	−	1	0	0	0	0	0	1
1204	(摂論四位)	(興)摂論四位		−	−	1	0	0	0	0	0	1
1205	(先陳前説対)	(興)先陳前説対事		−	−	1	0	0	0	0	0	1
1206	(先陳後説対)	(興)前後対．先陳後説対(東)広文集等５部あり		−	−	1	30	0	0	0	0	31
1207		(興)疏意見所引生二同時也		−	−	1	0	0	0	0	0	1
1208		(興)疏上云三者言許言中所帯名自性		−	−	1	0	0	0	0	0	1
1209	(相違因)	(興)相違因．相違因不為過(東)相違因．相違因難(東)文集１部あり(無)相違因口伝１部あり		−	−	7	42	0	0	0	0	49
1210		(興)総心聚答曰心解可為一聚		−	−	1	0	0	0	0	0	1
1211		(興)第三重答云		−	−	1	0	0	0	0	0	1
1212		(興)第三重難云先今比量意許量之事		−	−	1	0	0	0	0	0	1
1213	(但作非相)	(興)但作非相		−	−	1	0	0	0	0	0	1
1214		(興)中ニハ何ノ光ヲカ為優ト		−	−	1	0	0	0	0	0	1
1215		(興)定通所変境摂色等五光歟事		−	−	1	0	0	0	0	0	1
1216		(興)定別而作違故□決定違		−	−	1	0	0	0	0	0	1
1217	(転重軽受)	(興)転重軽受事		−	−	1	0	0	0	0	0	1
1218	(互為因縁)	(興)答転儀頼□互為因縁		−	−	1	0	0	0	0	0	1
1219		(興)到此問処也		−	−	1	0	0	0	0	0	1

	大正科文 （　）は推定科文名	科文その他	本論巻	大　正	仏　全	興福寺	東大寺	南都論	無為信	薬師寺	龍大短	短縮合計
1220	(二種生死)	(興)二種生死		–	–	1	0	0	0	0	0	1
1221	(二身見等)	(興)二身見等(興)「第六巻」とあり		–	–	1	0	0	0	0	0	1
1222		(興)乃至十地方永依伏尽由		–	–	2	0	0	0	0	0	2
1223		(興)秘云論応記伝等是十遍		–	–	1	0	0	0	0	0	1
1224		(興)不可論八綱不同ヲ為定		–	–	1	0	0	0	0	0	1
1225		(興)不成分ヲ□□ト申候		–	–	1	0	0	0	0	0	1
1226		(興)別起所知余説非煩悩		–	–	1	0	0	0	0	0	1
1227	(法差別)	(興)法差別二他用伝．法差別．法差別勝劣伝．法差別勝々伝．法差別意許．法差別処(東)(龍)法差別(龍)法自相法差別相違決定作法事か				9	64	0	0	0	4	73
1228	(法自相)	(興)法自相．法自相立敵．法自相敵．法自相処(東)法自相		–	–	7	72	0	0	0	0	79
1229		(興)本疏中殊明三重体ノ不同		–	–	1	0	0	0	0	0	1
1230		(興)未来何不見答文以同為証乎		–	–	1	0	0	0	0	0	1
1231		(興)無我性故国成仏説宗		–	–	1	0	0	0	0	0	1
1232		(興)問慈恩大師唯識本疏中弁説教時会		–	–	1	0	0	0	0	0	1
1233		(興)問章□既説極言		–	–	1	0	0	0	0	0	1
1234		(興)問章云解深密説諸識所現ト云云意如何		–	–	1	0	0	0	0	0	1
1235		(興)問章云故慈尊説		–	–	1	0	0	0	0	0	1
1236	(成事非真)	(興)問章云成事非真唯観俗識		–	–	1	0	0	0	0	0	1
1237		(興)問大乗意有頂地有非断惑無漏之事ヲハ引本論ノ何文証之乎		–	–	1	0	0	0	0	0	1
1238		(興)問転斉□家許重之宗		–	–	1	0	0	0	0	0	1

	大正科文 (　)は推定科文名	科文その他	本論巻	大　正	仏　全	興福寺	東大寺	南都論	無為信	薬師寺	龍大短	短縮合計
1239		(興)問当義付明菩薩所知ノ所縁行相		−	−	1	0	0	0	0	0	1
1240		(興)問当論中此異熟儀		−	−	1	0	0	0	0	0	1
1241		(興)付二乗□□修延寿行		−	−	1	0	0	0	0	0	1
1242		(興)有宗意可許見送ノ三□無辺		−	−	1	0	0	0	0	0	1
1243	(有為相量)	(興)有為相量事		−	−	1	0	0	0	0	0	1
1244		(興)有自類九品可為正		−	−	1	0	0	0	0	0	1
1245	(有法差別)	(興)有法差別. 有法差別略鈔(東)略文集等13部あり		−	−	5	43	0	0	0	0	48
1246	(有法差別相違作法)	(興)有法差別相違作法如何		−	−	1	0	0	0	0	0	1
1247	(有法自相)	(興)有法自相所立法		−	−	1	0	0	0	0	0	1
1248	(有法自相能違)	(興)有法自相能違自他共事		−	−	1	0	0	0	0	0	1
1249		(興)容体倶□為先師者		−	−	1	0	0	0	0	0	1
1250		(興)用尋内縁ノ自体		−	−	1	0	0	0	0	0	1
1251		(興)糧位也		−	−	1	0	0	0	0	0	1
1252	(和合句仮実)	(興)和合句仮実事(東)和合句仮実		−	−	1	2	0	0	0	0	3
1253	(作非有縁性)	(興)(東)作非有縁性		−	−	1	2	0	0	0	0	3
1254		(興)(東)五重問答抄(南)五重(無)五重私日記		−	−	1	2	1	1	0	0	5
1255	(局通対)	(興)(東)(無)局通対 (東)引文２部あり		−	−	9	45	0	1	0	0	55
1256	(一返受生)	(興)(薬)一返受生	論第１	−	−	1	0	0	0	1	0	2
1257	(依世故因)	(全)依世故因	論第６	−	77−743a	0	0	0	0	0	0	0
1258	(異受雑故)	(全)異受雑故	論第６	−	77−775b	0	0	0	0	0	0	0
1259	(異熟等流体)	(全)異熟等流体 (全)目次に題目あり	論第１	−	−	0	0	0	0	0	0	0
1260	(拠第七識)	(全)拠第七識事	論第１	−	76−205b	0	0	0	0	0	0	0
1261	(倶句是即離)	(全)倶句是即離	論第６	−	77−751a. 861a	0	0	0	0	0	0	0
1262	(見惑不伏)	(全)見惑不伏	論第６	−	77−771a	0	0	0	0	0	0	0
1263		(全)五識縁自界五塵時有繫不随義歟	論第１	−	76−166a	0	0	0	0	0	0	0

	大正科文 （　）は推定科文名	科文その他	本論巻	大　正	仏　全	興福寺	東大寺	南都論	無為信	薬師寺	龍大短	短縮合計
1264	（七断滅論増損）	（全）七断滅論増損中何．七断滅論増損	論第6	–	77 – 746b．880a	0	0	0	0	0	0	0
1265		（全）邪見所摂有辺見何諦所断	論第6	–	77－748b	0	0	0	0	0	0	0
1266	（小七中二）	（全）小七中二	論第6	–	77－795b	0	0	0	0	0	0	0
1267	（真報主）	（全）真報主 （薬）愚草1部あり	論第3	–	76－505b	0	0	0	0	1	0	1
1268	（生得善）	（全）生得善	論第6	–	77－720a	0	0	0	0	0	0	0
1269	（詑衆所依）	（全）詑衆所依	論第4	–	76－553b	0	0	0	0	0	0	0
1270		（全）那落迦有誑心所歟	論第6	–	77－797a	0	0	0	0	0	0	0
1271		（全）二乗異生定心縁眼等五根歟	論第2	–	76－287b	0	0	0	0	0	0	0
1272		（全）乃至非想非非想処	論第6	–	77－744a	0	0	0	0	0	0	0
1273	（有覆惑発業）	（全）有覆惑発業	論第6	–	77－764b	0	0	0	0	0	0	0
1274		（全）欲惑種障未至無漏歟	論第6	–	77－780a	0	0	0	0	0	0	0
1275		（全）慳心所有那落迦歟	論第6	–	77－797a	0	0	0	0	0	0	0
1276	（困一喩二）	（東）（南）困一喩二 （東）私指示1部あり（南）文集等3部あり		–	–	0	4	10	0	0	0	14
1277	（今観後三）	（東）（南）今観後三 （南）文集1部あり		–	–	0	8	7	0	0	0	15
1278	（若言眼等）	（東）（南）若言眼等事		–	–	0	10	9	0	0	0	19
1279	（闕無同喩）	（東）（南）闕無同喩		–	–	4	6	1	0	0	0	11
1280	（違決自他共）	（東）違決自他共		–	–	0	19	0	0	0	0	19
1281	（違決対）	（東）違決対．相違決定対		–	–	0	2	0	0	0	0	2
1282	（一因違三）	（東）一因違三．違三（興）一因違三（無）一因違三		–	–	1	24	0	1	0	0	26
1283	（一因違四）	（東）一因違四．違四（興）一因違四（薬）一因□四（薬）疏料簡1部あり	論第4	–	–	4	55	0	0	2	0	61
1284	（一分能立所成）	（東）一分能立所成．一分能立所成		–	–	0	2	0	0	0	0	2
1285	（一分能立不成真似）	（東）一分能立不成真似		–	–	0	3	0	0	0	0	3
1286	（因亦不遍）	（東）因亦不遍		–	–	0	8	0	0	0	0	8
1287	（因喩之法）	（東）因喩之法		–	–	0	4	0	0	0	0	4
1288	（会違少々）	（東）会違少々		–	–	0	1	0	0	0	0	1

	大正科文 ( )は推定科文名	科文その他	本論巻	大 正	仏 全	興福寺	東大寺	南都論	無為信	薬師寺	龍大短	短縮合計
1289	(挙此三種)	(東)挙此三種		–	–	0	6	0	0	0	0	6
1290	(共許有性)	(東)(龍)共許有性 (東)私日記等3部あり (龍)私示1部あり		–	–	0	9	0	0	0	2	11
1291	(遣相証性)	(東)遣相証性．唯識遣相証性(無)遣相証性識．遣相証性性．遣相証性詞		–	–	0	3	0	4	0	0	7
1292	(源唯仏説)	(東)源唯仏説		–	–	0	1	0	0	0	0	1
1293	(言陳意許対)	(東)言許対．言陳意許対 (東)広文集1都あり		–	–	0	40	0	0	0	0	40
1294	(己知根次位)	(東)己知根次位		–	–	0	1	0	0	0	0	1
1295	(五姓各別)	(東)五姓各別事		–	–	0	1	0	0	0	0	1
1296	(後三違決)	(東)後三違決		–	–	0	9	0	0	0	0	9
1297	(作法対)	(東)作法対		–	–	0	1	0	0	0	0	1
1298	(三過真似)	(東)三過真似		–	–	0	5	0	0	0	0	5
1299	(三過並否)	(東)三過並否		–	–	0	6	0	0	0	0	6
1300	(三身義)	(東)三身義短釈		–	–	0	1	0	0	0	0	1
1301		(東)三無性以所執為体伝		–	–	0	1	0	0	0	0	1
1302	(自所余法)	(東)自所余法．自所余法所立(南)自所余法		–	–	0	8	5	0	0	0	13
1303	(若有両倶不成)	(東)若有両倶不成		–	–	0	5	0	0	0	0	5
1304	(宗因前後)	(東)宗因前後		–	–	0	22	0	0	0	0	22
1305	(所立正因)	(東)所立正因		–	–	0	1	0	0	0	0	1
1306	(諸無似立)	(東)諸無似立		–	–	0	7	0	0	0	0	7
1307	(正義前二宗)	(東)正義前二宗事		–	–	0	1	0	0	0	0	1
1308	(正所諍故)	(東)正所諍故		–	–	0	7	0	0	0	0	7
1309	(声生勤発因)	(東)声生勤発因		–	–	0	3	0	0	0	0	3
1310	(積聚性因)	(東)積聚性因．積聚性因違法自事．積聚性因(南)積聚性因		–	–	0	14	1	0	0	0	15
1311	(先後対)	(東)先後対 (東)引文等3部あり		–	–	0	4	0	0	0	0	4
1312	(他比違他)	(東)他比違他		–	–	0	6	0	0	0	0	6
1313	(第八正因)	(東)第八正因		–	–	0	3	0	0	0	0	3
1314	(同異性能有)	(東)同異性能有事		–	–	0	1	0	0	0	0	1
1315	(二十七不成)	(東)二十七不成		–	–	0	6	0	0	0	0	6

	大正科文 （　）は推定科文名	科文その他	本論巻	大　正	仏　全	興福寺	東大寺	南都論	無為信	薬師寺	龍大短	短縮合計
1316	(如空有声)	(東)如空有声		–	–	0	8	0	0	0	0	8
1317	(如仏法言)	(東)如仏法言		–	–	0	4	0	0	0	0	4
1318	(如無違法)	(東)如無違法		–	–	0	28	0	0	0	0	28
1319	(能違自他共)	(東)能違自他共．有法自相能違自他共事		–	–	0	9	0	0	0	0	9
1320	(八解脱)	(東)八解脱論義		–	–	0	1	0	0	0	0	1
1321	(不顧論宗)	(東)不顧論宗		–	–	0	9	0	0	0	0	9
1322	(不相応)	(東)不相応事		–	–	0	1	0	0	0	0	1
1323	(無色天声)	(東)無色天声		–	–	0	1	0	0	0	0	1
1324	(豈於眼等)	(東)豈於眼等		–	–	0	7	0	0	0	0	7
1325	(受三途苦)	(南)(無)(薬)受三途苦		–	–	0	0	2	0	2	0	4
1326	(尋思位極)	(南)(薬)尋思位極	論第9	–	–	0	0	1	0	1	0	2
1327	(穏劣顕勝)	(南)穏劣顕勝		–	–	0	0	1	0	0	0	1
1328	(喜楽相順)	(南)喜楽相順		–	–	0	0	6	0	0	0	6
1329		(南)見聞集		–	–	0	0	1	0	0	0	1
1330		(南)三□逆観		–	–	0	0	1	0	0	0	1
1331	(三惑同断)	(南)三惑同断(南)業三観義の内		–	–	0	0	1	0	0	0	1
1332	(参妄同時断)	(南)参妄同時断事		–	–	0	0	1	0	0	0	1
1333	(四種三昧)	(南)四種三昧義(南)業三観義の内		–	–	0	0	1	0	0	0	1
1334	(四定倶得)	(南)四定倶得		–	–	0	0	2	0	0	0	2
1335	(宗依宗体)	(南)宗依宗体		–	–	0	0	1	0	0	0	1
1336	(十信八相)	(南)十信八相		–	–	0	0	1	0	0	0	1
1337		(南)諸定皆無五識身等		–	–	0	0	1	0	0	0	1
1338		(南)証三自法契一体法歟事		–	–	0	0	1	0	0	0	1
1339	(正所諍故)	(南)正所諍故		–	–	0	0	1	0	0	0	1
1340	(定唯繋心)	(南)定唯繋心	論第4	–	–	0	0	1	0	3	0	4
1341	(表義顕境名言)	(南)表義顕境名言 *あるいは表義顕境不同．表義名言か		–	–	0	0	1	0	0	0	1
1342	(不顧論宗)	(南)不顧論宗		–	–	0	0	1	0	0	0	1
1343	(平等六引)	(南)平等六引		–	–	0	0	6	0	0	0	6
1344	(変化身土)	(南)変化身土		–	–	0	0	2	0	0	0	2

	大正科文 (　)は推定科文名	科文その他	本論巻	大　正	仏　全	興福寺	東大寺	南都論	無為信	薬師寺	龍大短	短縮合計
1345	(弥陀報応)	(南)弥陀報応 (南)業三観義の内		−	−	0	0	1	0	0	0	1
1346	(約理鈍別)	(南)約理鈍別		−	−	0	0	1	0	0	0	1
1347	(有頂雖有)	(南)有頂雖有 (東)愚草1部あり(薬)論第7の分類での2部を含む	論第6	−	−	0	0	2	0	3	0	5
1348		(無)意業動発勝忍三業互為発事		−	−	0	0	0	1	0	0	1
1349	(異熟通理)	(無)異熟通理		−	−	0	0	0	1	0	0	1
1350	(於今之中)	(無)於今之中事		−	−	0	0	0	1	0	0	1
1351	(許心似二現)	(無)許心似二現 (無)指示1部あり	論第7	−	−	0	0	0	1	0	0	1
1352		(無)三品悉地事並六大四方互為能生		−	−	0	0	0	1	0	0	1
1353	(三無性教体)	(無)三无性教体	論第9	−	−	0	0	0	1	0	0	1
1354	(摂論聞熏智)	(無)摂論聞熏智事		−	−	0	0	0	1	0	0	1
1355	(善悪三恵)	(無)善悪三恵事		−	−	0	0	0	1	0	0	1
1356	(二聖発心)	(無)二聖発心案集		−	−	0	0	0	1	0	0	1
1357	(不可雑言)	(無)不可雑言事		−	−	0	0	0	1	0	0	1
1358	(不定姓異生性)	(無)不定姓異生性	論第1	66−129 a	−	0	0	0	1	0	0	1
1359	(本性化種姓)	(無)本性化種姓事		−	−	0	0	0	1	0	0	1
1360	(滅定業因)	(無)滅定業因		−	−	0	0	0	1	0	0	1
1361	(唯説心王)	(無)唯説心王事		−	−	0	0	0	1	0	0	1
1362	(理乗唯識)	(無)理乗唯識		−	−	0	0	0	1	0	0	1
1363	(我於凡愚)	(薬)我於凡愚	論第3	−	−	0	0	0	0	4	0	4
1364	(我見品数)	(薬)我見品類(龍)我見品数	論第6	−	−	0	0	0	0	1	1	2
1365	(我即安恵)	(薬)我即安恵	論第1	−	−	0	0	0	0	2	0	2
1366		(薬)極略問答	論第8	−	−	0	0	0	0	1	0	1
1367		(薬)滅受相以下	論第3	−	−	0	0	0	0	1	0	1
1368		(薬)四涅槃段	論第10	−	−	0	0	0	0	1	0	1
1369	(識思体)	(薬)識思体	論第8	−	−	0	0	0	0	1	0	1
1370	(修得天眼)	(薬)修得天眼	論第2	−	−	0	0	0	0	1	0	1
1371		(薬)是違	論第10	−	−	0	0	0	0	1	0	1
1372		(薬)石□事	論第8	−	−	0	0	0	0	1	0	1

	大正科文 (　)は推定科文名	科文その他	本論巻	大　正	仏　全	興福寺	東大寺	南都論	無為信	薬師寺	龍大短	短縮合計
1373	(第四勝義有為)	(薬)第四勝義有為事	論第9	−	−	0	0	0	0	1	0	1
1374	(地上超劫)	(薬)地上超劫生得	論第3	−	−	0	0	0	0	2	0	2
1375		(薬)典解下	論第8	−	−	0	0	0	0	2	0	2
1376		(薬)転変二釈		−	−	0	0	0	0	2	0	2
1377		(薬)伝法□	論第8	−	−	0	0	0	0	1	0	1
1378	(煩悩品数)	(薬)煩悩品数	論第9	−	−	0	0	0	0	1	0	1
1379		(薬)伏□ (薬)伏煩悩時か	論第9	−	−	0	0	0	0	1	0	1
1380	(仏果別解脱)	(薬)仏果別解脱．仏果別解脱戒会得歟	論第1	−	−	0	0	0	0	2	0	2
1381	(辺際定)	(薬)辺際定事	論第8	−	−	0	0	0	0	2	0	2
1382		(薬)無漏	論第6	−	−	0	0	0	0	1	0	1
1383		(薬)目声□□事 (薬)論第5「?」と分類。論第8の因声無記か		−	−	0	0	0	0	1	0	1
1384		(薬)六処□事(薬)論第5に分類		−	−	0	0	0	0	1	0	1
1385		(薬)論第四巻重難	論第4	−	−	0	0	0	0	1	0	1
1386	(雖知趣疾)	(薬)雖知趣疾	論第7	−	−	0	0	0	0	3	0	3
1387	(四智心品)	(龍)四智心品義 (龍)三蔵会短釈にあり		−	−	0	0	0	0	0	1	1
1388		その他(欠題等．科文不詳抄物)		−	−	51	52	12	8	19	0	142

(弥山礼知)

正 誤 表

訂正箇所（頁／行）	訂正内容	
	誤	正
45頁／10行	唯異宗の異派	唯識宗の異派
203頁／3行	円経	経円
213頁／7行	轉教院	轉経院
213頁／9行	転教院	転経院
247頁／7行	法印大僧都覚が～	法印大僧都覚●が～ ＊原典自体が脱字
247頁／10行	大正五〇五・上～中	大正六九・五〇五・上～中
253頁／上段末	唯識論尋思鈔十三冊（善通寺蔵旭雅写）	追加
397頁／10-11行	観弥勒上正兜率天経讃	観弥勒上生兜率天経讃
498頁／3行	当成	当常
584頁／4行	入聖性離正	入聖性離生
612頁／12行	（2）玄賛	（2）法花論
618頁／6行	金剛般若境賛述	金剛般若経賛述
640頁／13行	この場合は寂も	この場合は趣寂も
866頁／注26	大谷本『大乗義章』	大谷本・『大乗義章』
872頁／15行	三論玄義文義要	三論玄疏文義要
886頁／3行	定不姓二類	定不定二類か
895頁／1行	以略法傳未世	以略法傳末世
898頁／2-3行	以て未世に伝う	以て末世に伝う
902頁／10行	この世界では後導師の入滅後は	この世界では入滅後導師は
908頁／8行	三類教義	三類境義
911頁／15行	性鏡不随心	性境不隨心
926頁／15行	三類教義	三類境義
1040頁／19行	異塾生の下劣受	異熟生の下劣受
1078頁／7行	遮天間道	遮无間道
1151頁／1行	不成姓	不定姓
1153頁／11行	＊或本	＊文或本
1154頁／4行	未	末
1156頁／9行	未見文	「未見文」
1157頁／2行	未	末
1160頁／15行	がある	がある（愚見）
1162頁／6行	末云には	「末云」には

1163頁／3行～4行	金剛心以前には～理に至るため	重複のため削除
1163頁／6行	がある	がある(愚見)
1205頁／6行	境地心性	境智心性
1207頁／7行	境地心性	境智心性
1255頁／5行	名随心随法	名随信随法
1258頁／6行	随心随法と名づけ	随信随法と名づけ
1260頁／18行	(大正六六・七八・上)と同文	重複のため削除
1263頁／6行	順決釈分	順決択分
1305頁／8行	修するこができない	修することができない
1315頁／6行	第四頁	第四項
1316頁／5行	第六頁・第七頁	第六項・第七項
1316頁／14行	第六頁・第七頁	第六項・第七項
1317頁／7行	第八頁	第八項
1318頁／4行	第九頁	第九項
1319頁／2行	第十頁	第十項
1361頁／18行	二摂境従門	二摂境従識
1388頁／15行	性仮随実	摂仮随実
1388頁／15行	摂境随識	摂境従識
1388頁／16行	『金剛般若境賛述』	『金剛般若経賛述』
1388頁／18行	『大乗法縁義林章』	『大乗法苑義林章』
1391頁／7行	道詮の『要集』	道証の『要集』
1391頁／13行	道詮の「離能所詮教」	道証の「離能所詮教」
1426頁／1行	推功基本	推功帰本
1438頁／4行	『文選載』三	『文選』載三

（魏　藝）

2022年２月に刊行した『貞慶撰『唯識論尋思鈔』の研究―「別要」教理篇・上』は、1469頁に及ぶ書籍となった。そのため、今回の正誤表も十分なものとはいいがたいが、共同研究者である魏藝氏の努力によって上記の誤用が明らかになった。また、後藤康夫氏からも氏担当分の誤用の報告があったので、合わせて、ここに修正し、報告するものである。

（編者　楠淳證）